Sigrid Zeevaert

Josh ist mein Freund

Sigrid Zeevaert

Josh ist mein Freund

Mit Bildern von Anna Laura Jacobi

Hase und Igel®

Für Lehrkräfte gibt es zu diesem Buch
ausführliches Begleitmaterial beim Hase und Igel Verlag.

Dieses Buch erschien erstmals 2008 unter dem Titel „Jan und Josh oder
Wie man Regenwürmer zähmt“ im Gerstenberg Verlag, Hildesheim.
Die Taschenbuchausgabe erschien 2010 unter dem Titel „Josh ist mein Freund“
im Verlag Beltz & Gelberg, Weinheim und Basel.
Die vorliegende Ausgabe wurde von der Autorin
gekürzt und aktualisiert.

www.hase-und-igel.de
Lektorat: Anna Schultes
Satz: Appel Grafik München GmbH
Druck: Grafisches Centrum Cuno GmbH & Co. KG

ISBN 978-3-86760-260-0
3. Auflage 2024

Inhalt

1. Lasst mich vorbei 7
2. Alles bestens 11
3. Zusammengerollt 13
4. Holzköpfe! 15
5. Denkst du, das schaff ich nicht allein? 22
6. Also ehrlich 24
7. Ein Wunder der Natur 28
8. Mach bloß keinen Mist 32
9. Sonst ergeht es dir schlecht 35
10. Lass das, bitte 37
11. Mach mal die Augen zu! 40
12. Fanni 43
13. Geboren wird doch wohl jeder 46
14. Lass den einfach reden 48
15. Nichts ist okay 51
16. Kleine Küsse 55
17. Nicht pflücken 58
18. Ausnahmezustand 61
19. Hast du keine Augen im Kopf? 64
20. In geheimer Mission 68
21. Immer 74

22. Das richtige Leben 76
23. Bruderherz 81
24. Du musst mir glauben 84
25. Was ist denn mit ihm? 87
26. Keine Experimente 91
27. Glaubst du mir? 94
28. Verflixt 98
29. Wieder da 101
30. Scheißkerle 102
31. Verrat mich nicht 106
32. Nicht wir allein 113
33. Die Wahrheit 115
34. Bereit 117
35. Nicht umsonst 118
36. Sohn 121
37. Kannst du was sehen? 122
38. Fünftausend Meter 124
39. Jetzt erzähl du! 126
40. Was denkst du? 134
41. Ihr Kind 139
42. Irgendwie beides 142

1. Kapitel
Lasst mich vorbei

Jans Herz schlug schnell, als er die Straße hochlief. Seine Tasche war viel zu schwer. Mama schimpfte immer, wenn sie es sah, und packte das Wichtigste wieder aus.

Dabei trug Jan gern seine Sachen bei sich: das Rekordbuch der Rekorde, das Buch über Vogelspinnen und sein neues Asterixheft. Die Dose, in der er das Gerippe einer Dohle aufbewahrte. Den alten Kompass. Jans Tasche war meistens randvoll. Wenn er Glück hatte, sah Mama es nicht und hörte dann auch nicht, wie er bei jeder kleinen Steigung keuchte.

Jan blieb einen Augenblick stehen. Heute war Mittwoch, da kam Mama erst um halb drei von der Arbeit zurück. Sie hatte eine halbe Stelle in der Universitätsbibliothek. Wischte Staub von den Büchern. Klebte neue Aufkleber darauf. Manchmal brachte sie auch ein zerlesenes Buch mit nach Hause. „Bevor es im Altpapier landet“, sagte sie dann, „ist es doch bestimmt noch etwas für dich.“

In Jans Regal befand sich bereits eine stattliche Sammlung. Ein Buch über die Geschichte der Erde war auch dabei. Jan las ab und zu darin, obwohl er nicht alles verstand. Eines Tages würde er vielleicht selbst eines schreiben, das schließlich im Regal einer Universitätsbibliothek stand. Und über das eine Hand wie Mamas manchmal hinwegging und den Staub davon entfernte.

Jan sah sich um. Er fand immer etwas, weil er sich für alles, was in der Natur vorkam, interessierte. Und wenn ihm etwas Besonderes auffiel, machte er sich Notizen darüber in einem Heft. *Über das Leben in der Natur* hatte er in großen Buchstaben auf den Umschlag geschrieben.

Er nahm einen toten Käfer vom Boden, betrachtete den vertrockneten Körper und steckte ihn ein.

Hin und wieder tat es ihm gut, wenn Mama nicht allzu genau auf ihn guckte. Schließlich gab es ja auch Paulina und Amelie, seine beiden Schwestern. Leicht hatte man es nicht immer mit ihnen. Doch in manchen Momenten war Jan froh, dass er sie hatte.

Er schob die Daumen unter die Riemen seiner Tasche und beschloss, noch schnell am Weiher vorbeizugehen – da standen sie plötzlich vor ihm: Aki und Phil. Die beiden wohnten am anderen Ende der Siedlung und tauchten manchmal wie aus dem Nichts auf. Mischten sich beim Basketball ein, obwohl sie viel größer waren, rissen den Ball an sich und rückten ihn nicht wieder raus. Oder warfen ihn gleich in den Bach und riefen: „Holt ihn euch doch!"

Jetzt waren sie keine zwei Meter von Jan entfernt. Breitbeinig, die Hände um die Gürtel gelegt, als warteten sie bloß auf einen wie ihn.

„Hi“, sagte Jan leise und warf einen hastigen Blick über seine Schulter zurück. Aber da war niemand. Kein Mitschüler. Kein Lehrer. Nur eine Frau mit ihrem Hund, die sich für Jan und die beiden größeren Jungen nicht interessierte. Unruhig lächelte er.

Aki und Phil hingegen standen mit versteinertem Blick da. Sie sagten kein Wort. Dann stießen sie sich plötzlich an.

Jan wich zurück. Die Riemen seiner Tasche hielt er ganz fest. Aus echtem Leder war sie. Jan hatte sie von Papa geerbt, der selbst ein halbes Leben lang damit herumgelaufen war.

„Hi", wiederholte Phil nun endlich gedehnt. Er trat noch einen Schritt näher und sah Jan von oben herab an. „Wie hast du das gemeint?"

Jan fiel nichts ein. Aber wahrscheinlich kam es auf eine Antwort von ihm auch nicht an. Sein Herz klopfte. Bald war keine Spucke mehr in seinem Mund.

„Hast du deine Stimme verloren?", mischte sich Aki jetzt ein. „Wir haben dich etwas gefragt."

„Ich weiß", sagte Jan und fühlte den Laternenmast hinter sich. „Ich …", stammelte er, „habe gar nichts gemeint." Seine Stimme klang dünn.

„Gar nichts", wiederholte Phil und stieß ihn an der Schulter an. Nicht einmal fest, aber so, dass Jan am Laternenmast vorbei nach hinten wegtaumelte.

„Nicht doch", sagte Aki und grinste. „Den pustet ja der kleinste Windhauch um!"

Gerade noch rechtzeitig fing Jan sich wieder, sah die Lücke zwischen Aki und Phil, stürzte los. Da stolperte er über ein Bein. Er hörte das gemeine Lachen von Phil, als er fiel. Jan fühlte den harten Asphalt. Es brannte in seinem Gesicht. Er wollte aufspringen und weiterlaufen, aber weil seine Tasche so schwer war, rappelte er sich nur mühsam auf. „Lasst mich vorbei", keuchte er.

„Tun wir das nicht?" Aki stellte sich blöd.

Phil verschränkte die Arme. „Man wird doch wohl noch auf dem Bürgersteig stehen dürfen, oder etwa nicht?“ Er spuckte auf den Boden und fasste Jan am Kinn. „Mach dir mal nicht ins Hemd“, zischte er. Dann zogen sie ab.

Jan achtete nicht auf das Brennen in seinem Gesicht. Wahrscheinlich waren die Schrammen voller Dreck. Er hatte Hunger und es war ja auch Zeit fürs Mittagessen. Auf direktem Weg lief er nach Hause.

2. Kapitel
Alles bestens

Das Haus, in dem sie wohnten, lag außerhalb des Wohngebiets ein bisschen einsam zwischen den Wiesen. Kein Bus fuhr mehr hin. So hatte Jan immer noch ein kleines Stück Fußweg vor sich. Wenn gutes Wetter war, wartete er oft auf die Kühe, die bis zum Zaun kamen und glotzten und dabei seelenruhig einen Kuhfladen hinter sich aufklatschen ließen.

Heute blieb er kein einziges Mal stehen. Mamas Auto parkte bereits vor dem Tor. Jans Herz klopfte gleich wieder schneller. Hoffentlich stellte sie keine Fragen.

Geschickt drückte er sich an ihr vorbei, als sie ihm die Tür öffnete. „Na“, sagte er nur und spürte auch schon Fanni, die Katze, die ihm zur Begrüßung laut schnurrend um die Beine strich. Sie war dick und bewegte sich schwerfälliger als sonst. Bald würde sie Junge bekommen.

„Alles in Ordnung?", rief Mama ihm hinterher. „Du bist spät heute. Hast du wieder Regenwürmer gezähmt?" Das war so ein Spruch von ihr.

Jan war beruhigt. „Alles bestens", murmelte er und bog, bevor er sich an den Mittagstisch setzte, bei der Badezimmertür schnell noch mal ab.

Als er sich im Spiegel sah, erschrak er. Seine rechte Backe war angeschwollen und unübersehbare Schrammen zogen sich quer über sein Gesicht.

„Was ist das?", fragte Mama wenig später. Und selbst Paulina und Amelie, die bereits am Tisch saßen, starrten ihn an. „Haben sie dich verprügelt?"

„Nein, nein", druckste Jan. „Das heißt, ja. Ist schon vorbei. Wirklich." Er langte über den Tisch hinweg nach dem Topf mit den Spaghetti. Wenigstens die gab es. Mit Sauce bolognese. Eins seiner Lieblingsgerichte. Er mochte es nicht, wenn Mama so fragte. Eine Schramme im Gesicht hatte doch wohl jeder mal. Aki und Phil waren Angeber. Richtig verprügelt hatten sie Jan schließlich noch nie. Und was sonst mit ihm war, ging schon irgendwie klar.

Jan redete nicht gern davon. Am liebsten dachte er nicht mehr als unbedingt nötig darüber nach und wollte auch nicht, dass Mama das tat. Oder Papa. Jan kam zurecht. Und die Spaghetti schmeckten.

„Jan“, begann Mama und als er aufsah, traf ihn ihr Blick. Jan fürchtete das immer ein bisschen. Wenn sie nur guckte und dabei nichts sagte.

„Was?“ Er nahm von der Sauce bolognese nach.

„Ach nichts.“ Mama schaute über seine geschwollene Backe hinweg und hatte sich wohl entschieden, keine weiteren Fragen zu stellen. Wenn sie erfuhr, dass Aki und Phil ihn bedrängten, würde sie ihm noch verbieten, allein in die Schule zu gehen.

Für langes Reden war zum Glück keine Zeit. Alle außer Jan hatten bald wieder zu tun. Das passte ihm gut. Mama verschwand in die Küche. Paulina und Amelie guckten auf ihre Smartphones und stöhnten, als wäre sonst was passiert.

Jan rutschte von seinem Stuhl. Er brachte seinen Teller in die Küche und erklärte: „Ich sehe mal nach Fanni. Bald müsste es bei ihr doch so weit sein.“

3. Kapitel
Zusammengerollt

Schon bevor Jan auf die Welt gekommen war, hatte er für Aufregung gesorgt. Papa hatte sogar die Polizei einschalten müssen. Weil auf der Autobahn Stau war, hätten sie es um ein Haar nicht mehr rechtzeitig bis ins

Krankenhaus mit ihm geschafft. Jan war das Ereignis des Tages gewesen. Sogar in der Zeitung hatte eine kleine Notiz gestanden.

„Fanni!", rief er jetzt und sprang die Treppe hinauf. Bückte sich, suchte unter der alten Nähmaschine, die oben im Flur stand, und hinter der Kommode. Fanni hatte neuerdings die seltsamsten Angewohnheiten und tauchte an den unmöglichsten Stellen auf. In Schubladen und Schränken zwischen Stapeln von Bettwäsche und den Wollsocken von Jan.

„Anscheinend", sagte Mama, „sucht sie schon nach einem geeigneten Platz."

„Fanni!" Jan steckte den Kopf durch Amelies Zimmertür, guckte auch bei Paulina kurz rein und sauste weiter in sein Zimmer. An der Tür blieb er stehen. Denn wer sich behaglich auf seinem Bett zusammengerollt hatte, war Fanni. Die dicke, runde braun-weiß gefleckte Katze mit dem schwarzen Punkt über der Nase.

Jan hatte ihr das Leben gerettet, als er sie damals halb totgebissen zwischen den Mülltonnen gefunden hatte. Sie hatten sie wieder aufgepäppelt und mit Zetteln nach dem Besitzer geforscht, den es anscheinend aber nicht gab. Also hatten sie Fanni schließlich behalten.

Jan kroch zu ihr aufs Bett. „Na, meine Süße", murmelte er und pustete ihr seinen warmen Atem ins Fell.

Sie hob kurz den Kopf und entschied sich dann fürs wohlige Weiterdösen.

Vorsichtig legte Jan seine Hand um den gerundeten Bauch. Fannis Rippen konnte er tasten. Darunter bewegte es sich. Drei, vier oder vielleicht sogar fünf Junge trug sie in ihrem Bauch und zum wiederholten Mal fragte er sich, wie sie überhaupt da hineinpassten.

Jan ließ den Kopf neben Fanni auf die Decke sinken und seufzte. Bald, dachte er, bekäme er sie zu sehen.

4. Kapitel
Holzköpfe!

Tagelang passierte nichts weiter mit Fanni. Jan fand sie immer mal wieder auf seinem Bett. Dann verschwand sie und Jan kümmerte sich um seine Hausaufgaben, hörte Musik und freute sich, als Josh anrief. „Sag bloß, du hast heute Zeit?“

„Deswegen rufe ich ja an.“ Oft genug kam Josh ins Stottern. Jetzt ging es glatt.

„Und wo treffen wir uns?“, fragte Jan.

„Am liebsten am Bach.“ Sie waren gern draußen und angelten oder suchten nach Sachen.

Jans Blick ging zum Fenster. Dunkle Wolken hingen über den Wiesen. Aber es regnete nicht. Außerdem war

Mama gerade unterwegs. „Sagen wir in zwanzig Minuten?“ Eilig suchte er nach seinem Fahrradschlüssel, dem Helm und einem wasserdichten Behältnis mit Deckel, wollte schon los, nahm dann aber doch schnell noch einen Zettel. *Hab nur kurz was zu erledigen,* schrieb er. *Bin gleich zurück. Dein Jan.*

Das „Dein“ strich er wieder durch. Schließlich war er nicht mehr klein. Und jedenfalls auch nicht aus Zucker.

Der Wind blies ihm ins Gesicht und plusterte seine Regenjacke weit auf, als er wenig später auf seinem Fahrrad saß und an den Wiesen mit den großen Buchen vorbeifuhr. Jan trat in die Pedale. Mit Josh am Bach lohnte es sich immer. Mit Josh war es wie mit niemandem sonst und es störte Jan nicht, dass Josh ein bisschen dicker als die meisten von ihnen war und manchmal auch langsam. Josh war Josh. Jan war sein Freund.

Beim Staubecken bog er ab, rutschte vom Sattel und schob sein Fahrrad ein Stück bergauf. Er fühlte erste Regentropfen in seinem Gesicht. Am Bach war es sowieso nass. Und vielleicht fingen sie heute noch irgendwas.

Jan stieg wieder auf und fuhr das letzte Stück bis zu der Stelle, wo das Ufer flach zum Bach abfiel. Buchen und Birken standen ringsum und ein paar Weiden. Hoch oben im Geäst steckten die Reste von einem Baumhaus. Längst hatten sie es aufgegeben, sich hier eins zu bauen. Spätestens am nächsten Tag war es sowieso kaputt und dicke Schlagstöcke lagen herum.

„Hey!“, rief Josh und schwenkte seinen Eimer. Auch einen Kescher hatte er heute dabei.

„Gibt's was Besonderes?“ Jan schob sein Fahrrad tief ins Gebüsch.

„Na, und ob!“, stieß Josh hervor, fasste in seine Hosentasche und hielt Jan erst mal ein platt gedrücktes Kaubonbon hin.

Jan steckte es sich in den Mund. Er wollte lieber nicht daran denken, dass es von Joshs Hintern so platt

war. „Und?“, fragte er kauend und sah sich erwartungsvoll um.

„Bei der Holzbrücke hab ich was entdeckt“, sagte Josh stolz. Er lief vorneweg. Einen ganzen Kopf größer war er als Jan. Und mindestens doppelt so breit. Gut gegen den Wind, dachte Jan. Sein Blick wanderte aufmerksam über das Wasser. Mit leeren Händen ging Jan von hier eigentlich nie weg. „Da!“, zischte Josh. Er blieb stehen, streckte den Kescher weit vor und versenkte ihn schließlich im Wasser.

Jan reckte den Hals.

„Von der Brücke aus kannst du es sehen“, murmelte Josh, zog sich Schuhe und Strümpfe aus, krempelte seine Hosenbeine hoch und watete los.

Jan rannte die kleinen Holzstufen hoch. Er beugte sich über das Geländer und suchte an tief hängenden Ästen vorbei das Wasser ab. „Wenn du wieder eine von deinen Fliegenlarven entdeckt hast, dann sag es mir gleich.“

„Pfff!“, machte Josh nur. Es klang, als ließe man aus einem Fahrradreifen die Luft heraus. Jan stellte sich vor, bei Josh gäbe es solch ein Ventil und er wäre, hätte man es erst entdeckt, mit einem Schlag viel weniger dick. Dann würde er bei der kleinsten Anstrengung auch nicht so schnaufen. Und man würde kein Stöhnen mehr hören, wenn sie sich in der Schule zum Wählen der Mannschaften aufstellen mussten. Josh blieb meistens bis zuletzt stehen. Noch länger als Jan, der klein für sein Alter war, schmal, aber immerhin schnell und geschickt, und von dem alle wussten, was mit ihm war. Über Josh lachten sie manchmal sogar und nannten ihn Fettwanst. Josh rastete dann ziemlich aus und Jan hatte alle Mühe, ihn wieder zu beruhigen.

„Hey!", stieß Jan jetzt aus und hatte auf einmal nur noch Augen für das, was er im dunklen Modder aufblitzen sah. „Da liegt etwas."

„Na endlich!", seufzte Josh zufrieden. „Das hat ja Jahre gedauert." Längst stand er bis zu den Knien im Wasser. Auch seine Hosenbeine waren schon nass.

„Sieht nach einem Stück Metall aus", sagte Jan.

Tief schob Josh seinen Kescher ins Wasser. Den Rest verriet sein Gesicht. „Komm!", rief er Jan zu.

Jan stand bald wie Josh im eiskalten Bach. Sie wateten zwischen glitschigen Steinen.

Da hörten sie plötzlich Stimmen. Und im selben Moment das kratzige Lachen von Phil. „Sucht ihr was Bestimmtes?"

„Doch wohl nicht uns!" Aki war natürlich dabei.

Erschrocken drehte Jan sich zu ihnen um, da zischte Josh auch schon: „Haut bloß ab!" Dazu schwenkte er drohend den Kescher.

„Hast du was gesagt?", rief Aki und schob eine Hand hinter sein Ohr, als wäre er taub. Dann stieß er seinen Freund Phil an. „Hast du was gehört?"

„Ihr sollt a-abhauen!"

„A-Abhauen! Hoho! Jetzt macht ihr uns aber Angst!", entgegnete Phil.

Aki war bereits auf dem Weg zum Wasser. „Ihr könnt ein Bad gebrauchen!", schrie er. „Das sehe ich doch." Er blieb stehen. „Moment mal!" Aki drehte sich um und steuerte auf die Weidenbüsche zu. „Was sich hier nicht alles findet!" Er lachte laut auf. Dann zerrte er Jans Fahrrad hervor. „Genau so was hab ich schon immer gesucht!"

„Lass die Finger davon!", rief Jan. „Das ist meins!" Er wollte raus aus dem Wasser, sich sein Fahrrad zurückholen. Doch er rutschte aus, taumelte und saß bis zum Bauch im eiskalten Wasser.

„Versenkt!" Phil klatschte. „Da hast du dein Bad!"

Jan prustete und schüttelte sich. „Blödmann!", keuchte er. Die Kälte schnürte ihm alles zu.

„Haut ab!", brüllte Josh. „H-H-Habt ihr kapiert? Und lasst das Fahrrad los! A-Aber schnell."

Aki saß bereits auf dem Sattel, während Jan sich mühsam aufrappelte. Das Wasser tropfte aus seinen Sachen. Aki sprang wieder ab, hob das Fahrrad jetzt hoch und drehte es in der Luft. „Das ist meins! Das ist meins!"

„Meins oder deins?", fragte Phil und lachte. „Gefunden haben wir es. Und wer es zurückhaben will, der muss es sich holen!" Blitzschnell hangelte er sich an einer Birke hoch, gab Aki ein Zeichen und wenig später baumelte Jans Fahrrad mit dem Hinterrad an einem Ast.

„Na, wer sagt's denn?", freute sich Aki.

Phil sprang vom Baum. „Das nimmt euch keiner mehr weg!"

„Holt es da runter!", zischte Jan, der inzwischen aus dem Wasser heraus war und aufpassen musste, dass er vor Wut nicht noch zu heulen anfing oder auf die beiden losging. Darauf warteten sie doch nur. Dann hätten sie endlich einen Grund, sich ihn zu schnappen und seinen Kopf mal unter Wasser zu halten. Sie machten gern solche Sachen, einfach so und weil ihnen nichts anderes einfiel.

Phil streckte grinsend den Arm aus. „Es hängt viel zu hoch", sagte er. „Da kommt niemand mehr ran."

„Tut uns echt leid", meinte Aki. Er zuckte mit den Achseln. „War nett mit euch." Dann drehten sich die beiden um und ließen Jan und Josh mit dem Fahrrad im Baum einfach stehen.

„Habt ihr nicht gehört?", schrie Josh. Plötzlich bückte er sich, nahm einen Stein auf und warf ihn hinter Aki und Phil her. Zum Glück traf das Geschoss sie nicht, sondern flog an ihnen vorbei.

Jan stand zitternd da. Immer noch tropfte das Wasser aus seinen Sachen. „Lass", sagte er zu Josh, der bereits den nächsten Stein in der Hand hielt.

„Was?“, fragte der.

„Das.“ Jan holte Luft. „Wir kommen ja sowieso nicht gegen sie an.“

Josh schnaubte. „Lackaffen!“, schimpfte er. „Holzköpfe!“ Der Stein plumpste aus seiner Hand zurück ins Wasser. „Lass mich mal machen! Ich hol dir dein Fahrrad wieder vom Baum.“

5. Kapitel
Denkst du, das schaff ich nicht allein?

Es war dann doch Jan, der wenig später oben in der Birke saß. Fürs Klettern war Josh zu schwer. Weit streckte Jan sich vor, bekam endlich ein Pedal zu fassen, rüttelte daran. Das Fahrrad schaukelte, nur vom Ast herunterbewegen ließ es sich nicht.

„Versuch's mal mit Gewalt!“, feuerte Josh ihn an. „Oder brauchst du mich doch?“

„Nein, nein!“, rief Jan und kicherte. Er bekam das Schutzblech des Hinterreifens zu fassen, zerrte daran und – um ein Haar wäre Jan mitsamt dem Fahrrad nach unten gesaust. Im letzten Moment hielt er sich fest. Das Fahrrad schlug laut scheppernd auf.

„Au!“, stöhnte Josh.

„Hast du was abgekriegt?“, fragte Jan besorgt.

„Ich nicht. Aber dein Fahrrad kannst du wohl vergessen.“ Josh bog an verschiedenen Einzelteilen herum, während Jan wieder vom Baum kletterte.

Das Vorderrad drehte sich nicht mehr, stellten sie fest. Das Schutzblech stand quer und alles eierte so, dass Jan nichts anderes übrig blieb, als sein Fahrrad nach Hause zu schieben. Oder vielleicht auch gleich zu tragen.

„Ich kann ja mitgehen“, schlug Josh ihm vor.

„Denkst du, das schaff ich nicht allein?“

„Nein, das denke ich nicht“, seufzte Josh, fasste nach Eimer und Kescher und murmelte: „Ich hab hier sowieso noch zu tun.“

„Und was?“

„Wirst du schon sehen.“

Jan zögerte. Zeit hätte er auch. Obwohl die nassen Sachen an ihm klebten und das Zittern nicht aufhören wollte.

„Los!“, drängte Josh. „Zieh ab! Außerdem regnet es gleich.“

Jan grinste. „Das kann mir jetzt egal sein.“

Joshs Mund verzog sich.

„Ich geh ja schon“, murmelte Jan. Sein Fahrrad trug er halb neben sich her, manchmal schob er es auch. Bei jeder Umdrehung quietschte und eierte es, als hätte Jan es gerade vom Schrottplatz geholt. Papa würde sich aufregen, so viel stand fest.

Jan seufzte. Und einen Augenblick überlegte er, ob er nicht doch auf Joshs Angebot zurückkommen sollte, weil es bis nach Hause für ihn allein vielleicht zu anstrengend war. Aber als er sich noch einmal umsah, hantierte der schon wieder mit seinem Kescher.

Josh konnte hartnäckig sein. Der würde so lange fischen, bis er vom Grund des Baches geholt hatte, was auch immer dort lag. Jan war sich sicher: Spätestens morgen bekam er es zu sehen.

6. Kapitel
Also ehrlich

„Was ist denn mit dir passiert?", seufzte Amelie, als sie Jan die Tür öffnete.

Mama war zum Glück noch nicht zurück. Papa telefonierte gerade. Anscheinend hatte er wieder Ärger in seinem Büro. Eines Tages, sagte Mama in letzter Zeit oft, holt er sich davon bestimmt ein Magengeschwür. Jan hätte gern gewusst, was ein Magengeschwür überhaupt war. Und er hatte vor, Papa bei nächster Gelegenheit danach zu fragen. Jetzt war ihm Papas Ärger im Büro aber ausnahmsweise mal recht, weil Papa keine Augen für ihn und sein Fahrrad hatte, das mit einem Totalschaden draußen im Hof stand.

An Jan dagegen war wohl noch einiges zu retten. Auch wenn er heute gleich zweimal nass geworden war, bis auf die Haut.

Josh hatte recht behalten. Die Hälfte des Weges hatte Jan gerade geschafft, da hatte es plötzlich wie aus Eimern gegossen. Der Regen war an ihm heruntergelaufen, bis in die Unterhose. Jan hatte sein demoliertes Fahrrad neben sich her durch den strömenden Regen geschoben. Und gehoben. Irgendwann hatte er nicht mehr gekonnt, doch er war weitergegangen.

„Sieht aus, als könntest du trockene Sachen gebrauchen", sagte Amelie und schloss die Tür hinter ihm. Sie hatte ihre Reithose an und roch auch noch nach Pferd. „Aber dich abtrocknen und umziehen kannst du wohl allein, oder nicht?"

Jan wich ihrem Blick aus. „Stell dir vor", murmelte er. Was fiel Amelie überhaupt ein? „Du kriegst von mir sowieso nichts zu sehen. Selbst wenn du willst."

Amelie stutzte. Und zeigte ihm einen Vogel. „Also ehrlich, Bruder. Du glaubst doch nicht im Ernst, dass ich wild darauf bin?!"

Jan streifte seine nassen Schuhe ab und sagte vorsichtshalber mal nichts. Amelie redete ohnehin schon wieder von ihrem Pferd.

Jan legte seine Jacke zu den Schuhen und blickte auf die Pfütze, die darum entstand. Selbst Amelies Reitstiefel bekamen noch etwas ab.

„Was soll die Sauerei?“, beschwerte sie sich, als sie es sah. Aber Jan war zum Glück bereits weit genug weg. „Jan! Räum gefälligst dein Zeug auf!“

Sicherheitshalber machte er die Tür hinter sich zu. Er war müde. Den halben Nachmittag fror er nun schon.

In seiner Hosentasche drückte der Stein, den er seit gestern mit sich herumtrug. Jan zog ihn hervor. Er war schwarz und glitzerte. In einer Art silbernem Gold. Schwarzgräbergold eben. Josh hatte das mit glänzenden Augen so genannt. „Stell dir vor, Jan, eines Tages sind wir beide steinreich.“

Im Schrank fand Jan eine Trainingshose, ein Hemd und sein Lieblingssweatshirt. Vorne drauf war ein Fußballer, der gerade zu einem Fallrückzieher vom Boden abhob. Das zog er an. Und obwohl er müde war und Durst hatte, setzte er sich an den Schreibtisch und erledigte seine Mathehausaufgaben. Dezimalrechnen. Nicht unbedingt schwer.

Erst als er Mama mit Paulina im Flur hörte, klappte er sein Heft und das Buch zu und merkte, dass ihm immer noch nicht so richtig warm war.

„Jan!“, rief Mama in diesem Augenblick und schob den Kopf auch schon zur Tür herein. „Ich hab dir neue Hefte mitgebracht. Die brauchtest du doch, oder nicht?“

„Mhm.“ Jan legte sie auf seinen Tisch und war froh, dass Mama gleich wieder ging, weil Paulina und Amelie was von ihr wollten.

„Bin schon unterwegs", murmelte sie. „Nur vierteilen kann ich mich nicht."

Jan würde ihr später erzählen, was am Nachmittag passiert war. Vielleicht genügte es ja, wenn er sagte, dass Josh das Fahrrad getestet habe und damit in den Bach gefallen sei. Aber Josh Ärger einhandeln wollte er auch nicht.

Als sie beim Abendessen saßen, rückte Paulina damit raus, dass sie beim Abfragen der Englischvokabeln versagt hatte. Das gab natürlich Stress. Weil Papa der Meinung war, sie dürfe sich mit ihrer Faulheit nicht alles vermasseln. Auch Mama mischte sich ein. Bis Paulina rausrannte, Amelie hinterher.

Jan saß einfach nur da. Zwischendurch gähnte er. Bald war es Schlafenszeit. Dabei hätte er vielleicht sogar von seinem Nachmittag am Bach erzählt und was mit seinem Fahrrad passiert war, das er durch den strömenden Regen hatte tragen müssen. Immer noch fühlte er sich aufgeweicht.

An diesem Abend kam er aber nicht mehr zu Wort. Deshalb erzählte er auch nichts. Die anderen konnten ja fragen. Jan hatte nichts dagegen, dass es ausnahmsweise mal nicht um ihn ging. Obwohl er sich gern in Mamas Arm gedrückt hätte. Irgendwie war ihm heute danach.

Aber weil Mama lange am Tisch sitzen blieb und dann noch eine Puddingschüssel zu Bruch ging, ließ er es bleiben. Es würde auch so gehen, schließlich war er kein Baby mehr. Jan war zwar nicht gerade groß für sein Alter und sogar der Kleinste in seiner Klasse. Doch er war nicht dumm. Oder blöd. Wie Aki und Phil, denen nichts anderes einfiel, als sich an Schwächeren auszulassen. Eines Tages, sagte er sich, würde er es den beiden schon zeigen.

7. Kapitel
Ein Wunder der Natur

Dass mit Jan etwas war, konnte man spätestens dann sehen, wenn er mit bloßem Oberkörper dastand. Worum er sich nicht unbedingt riss. Ab und zu ließ es sich allerdings nicht vermeiden. Zum Schwimmen ging Jan trotzdem gern. Und sprang sogar vom Turm wie die anderen auch. Aber die große Narbe, die sich längs über seine Brust zog, hatte eben auch einen Grund und ein Fußballprofi oder Boxer würde aus ihm wohl nie werden.

Jeder guckte gleich wieder weg, wenn er Jans Narbe sah. Jan kannte das schon. Natürlich blieb es nicht beim Weggucken. Ein, zwei Minuten später wanderte der Blick unauffällig zurück zu dem dunkelroten Strich über seinem Brustkorb.

„Kommt von den Operationen“, erklärte Jan, wenn einer ihn fragte.

Josh hatte er seine Narbe anfassen lassen. „Ist ja ganz dick“, hatte der dazu gesagt. „Da, wo sie dich aufgemacht haben.“

Jan hatte genickt. Manchmal legte er eine Hand auf sein Herz. Und er fühlte, wie es klopfte. Dreimal hatten sie schon daran operiert. Und bald wieder. Wie es genau hieß, was er hatte, stand in seinem Heft. Es war kompliziert. Weil ein Verbindungsstück zwischen Lunge und Herz bei ihm fehlte. So eine Art dicke Ader, durch die das Blut normalerweise in die Lunge kam und Sauerstoff aufnahm. Den brauchte man ja zum Leben. Außerdem hatte ihm eine Herzklappe gefehlt und sie hatten ihm eine einsetzen müssen. Jan wusste nicht, ob er das mit dem Blutkreislauf und der Lunge auch wirklich verstand. Und warum das Herz bei ihm oft so schnell schlug.

„Du bist ein Wunder der Natur“, sagte Mama manchmal zu ihm und bekam dann diesen Blick. Als er ein Baby gewesen war, hatten sie nicht immer gewusst, ob er es schaffte. Nur sein Körper, der hatte einen Trick rausgefunden, wie er mit kleinen Blutgefäßen das fehlende große ersetzte. Auf die Dauer reichte das aber nicht und sie mussten was machen. Jan kannte sich mit all den Untersuchungen und Geräten inzwischen gut aus. Beim Ultraschall hatte er sogar schon sein eigenes Herz schlagen sehen. Und er hatte bereits einige Krankenhäuser kennengelernt, die spezialisiert waren auf solche wie ihn.

In letzter Zeit dachte Jan öfter daran, wie es sein würde, wenn er wieder für ein paar Wochen im Krankenhaus war. Mama würde mit ihm kommen. Papa blieb mit Paulina und Amelie zu Hause. Es war dann immer anders als sonst. Es gab kaum Streit. Jan wusste das. Und Amelie hatte auch mal so was gesagt.

Er zog sich seinen Schlafanzug an und kroch unter die Decke. Wo Fanni wohl war? Oft kam sie abends und kratzte an seiner Tür, bis er sie hereinließ. „Aber nicht auf mein Bett“, sagte er dann. „Das ist nur tagsüber erlaubt.“

Fanni verstand ihn. So kam es Jan in solchen Momenten jedenfalls vor. Wenn sie zwar kurz um seine Beine strich, sich dann aber brav auf den Stuhl legte, der neben seinem Bett stand.

Jetzt war sie nicht da. Und es kratzte auch niemand an seiner Tür. Einen Moment überlegte er, ob er schnell noch mal aufstehen und nach ihr suchen sollte. Vielleicht brauchte sie ihn. Doch weil Mama in diesem Augenblick kam, blieb er unter seiner Decke.

„Alles in Ordnung?“, fragte sie und er nickte schläfrig. Die Augen fielen ihm schon fast zu. Und er beschwerte sich nicht, als sie ihm einen Gutenachtkuss auf die Backe drückte, weil es ja sonst keiner sah. Auch ihre

Hand in seinem Haar fand er gut. „War es schön heute Nachmittag?“

„Klar“, murmelte er.

„Und dein Fahrrad?“

Jan holte Luft. „Steht draußen im Hof.“ Plötzlich schlug sein Herz schneller.

„Was ist passiert?“

„Kleiner Unfall“, brachte er hastig hervor.

„Jan!“

Er drehte sich von ihr weg. „Ist Josh passiert. Aber das kriegt Papa doch wieder hin, oder nicht?“

„Jan!“

Angestrengt blickte er auf das Tapetenmuster vor sich. Gelb mit orangefarbenen Punkten.

„Du erzählst mir, wenn etwas nicht stimmt, oder?“

„Klar, mach ich.“ So ganz gehorchte seine Stimme ihm nicht.

„Also dann.“ Mamas Hand strich über die Decke, die knisterte. Fast wie Papier. „Schlaf erst mal gut. Du musst morgen früh raus.“

8. Kapitel
Mach bloß keinen Mist

Schon im Bus kam Jan alles schwerer vor als sonst. Die Jacke, die er anhatte. Seine Schuhe. Das Lächeln von Lara-Sofie, die sich neben ihn setzte, weil es der letzte freie Platz war.

„Bleibst du heute auch länger und gehst zur Tischtennis-AG?“, fragte sie.

„Habe ich vor.“ Tischtennis liebten sie neuerdings alle. Rundlauf mit bis zu zehn Leuten, Doppel oder eins gegen eins.

Aber bis dahin dauerte es noch so lange. Jan schien es, als würde auch die Zeit irgendwie schwer. Vielleicht hatte jemand Bleikugeln an sämtliche Uhren gehängt.

Auf dem Weg vom Bus zur Schule lief Lara-Sofie neben ihm her. „Wenn du willst“, sagte sie, „können wir zusammen ein Doppel spielen.“

Jan war es egal. Und als sie den Schulhof erreichten und sie ihn nach dem Matheheft fragte, rückte er es gleich raus.

„Vielleicht üben wir mal zusammen“, sagte sie noch und lächelte ihn wieder an.

„Ja, vielleicht.“ In Mathe war Jan eben gut.

Dass Lara-Sofie auch in der großen Pause ankam, nahm Jan nur am Rande wahr. „Wegen dir bleibe ich wohl doch nicht sitzen“, meinte sie. Irgendwie kam

ihm alles anders vor. Seine Beine wollten ihn nicht recht tragen. Wohin er mit seinem Kopf sollte, wusste er auch nicht.

Und als sie in der Deutschstunde ein Gedicht von Christian Morgenstern besprachen, stieß Lasse ihn an und sagte: „Du bist ja ganz blass. Etwa, weil Lara-Sofie was von dir will?“ Er grinste breit.

Jan grinste nicht. Ihm war eher danach loszuheulen. Aber bestimmt nicht wegen Lara-Sofie. Er schaute zu

Josh, der ihm die ganze Zeit wichtige Blicke zuwarf. „Du glaubst nicht“, hatte er vorhin leise zu ihm gesagt, „was ich gestern noch aus dem Bach geholt habe.“

Für einen Augenblick hatte Jan das Blei in seinen Gliedern vergessen. „Sag!“, hatte er Josh gedrängt und ihn ein Stück zur Seite gezogen.

Joshs Lippe hatte vor Aufregung gezittert. Er hatte Luft geholt. Doch dann hatte er den Kopf geschüttelt und entschieden erklärt: „Tut mir leid. Das kann man nicht sagen. Das musst du sehen.“

Am liebsten wäre Jan sofort losgegangen. Stattdessen hatte er sich aber doch wieder an seinen Platz gesetzt, weil sie in der Schule waren und er sowieso lieber saß, statt noch länger zu stehen. Gern hätte er sich aufs Pult gelegt und eine Runde geschlafen. Aber dagegen hätte Herr Rau, der Deutsch bei ihnen gab, wohl etwas einzuwenden gehabt.

Jan hielt es auf seinem Stuhl fast nicht mehr aus. Und so ging er nach vorn. „Darf ich mal an die Luft?“, flüsterte er. „Mein Kopf ist ganz heiß.“

„Heiß?“ Prüfend sah der Rau ihn an und schickte ihn gleich zu Frau Schmidt. „Geht noch jemand mit?“

Fast alle Finger sausten nach oben. Jan war froh, dass der Rau sich für Josh entschied, der ihn bis ins Sekretariat begleitete und schließlich sagte: „M-Mach bloß keinen M-M-M-Mist. Ich warte mit der Überraschung auf dich.“

Dann standen sie bei Frau Schmidt, die an seine Stirn fasste und auf der Stelle Mama anrief. „Können Sie ihn holen?“ Jan durfte sich auf der Liege ausstrecken. Frau Schmidt brachte ihm ein Glas Wasser. „Magst du einen Keks?“

Er schüttelte den Kopf, rührte auch das Glas Wasser nicht an, weil alles in ihm zu frieren begann.

9. Kapitel
Sonst ergeht es dir schlecht

Jan hätte gern vermieden, dass Mama ihn mit diesem Gesicht ins Auto packte, das sie immer machte, wenn etwas war. Dabei war er doch nur ein bisschen nass geworden, als er im Bach ausgerutscht war. Gefroren hatte er schon. Aber hätte er sein Fahrrad nicht vom Baum holen und nebenherlaufen müssen, wäre er natürlich tausendmal schneller wieder zu Hause gewesen. Und er hätte wohl besser auch was gesagt.

„Du hast nicht gut für dich gesorgt“, sagte Mama leise. Sie startete das Auto und lenkte es vom Parkplatz. „Ich dachte, du wüsstest, wie wichtig das ist.“

Jan wusste es. Doch sobald er es einmal vergaß, bekam er sofort die Quittung und wurde gleich krank. Da musste Mama nicht auch noch mit ihren Vorwürfen kommen. Mama war eben nicht klar, wie das war, wenn man ständig aufpassen musste. Obwohl es gut war, dass sie ihn jetzt fuhr, quer durch die Stadt, während er den Kopf in die Lehne drückte. Er sah auf die Straße. Auf den Verkehr. Auf die Läden und Leute. Alles schwebte ein bisschen.

Jan schloss die Augen, wünschte sich in sein Bett. Zum Glück fragte Mama nicht weiter, sondern seufzte nur, leise zwar, aber Jans Ohren waren immer noch gut.

Und als er auch die Augen wieder in Gebrauch nahm und auf die Straße guckte, auf die Häuser am kleinen Marktplatz, sah er die Rattenfrau auf einer Bank sitzen. Mit ihrem wild abstehenden grauen Haar und den dreckigen Sachen, die sie meistens trug: eine giftgrüne Hose, einen knallroten Pulli. Sie lief durch die Gegend und hieß bei den Kindern nur „die Rattenfrau", weil alle dachten, dass sie mit den Ratten lebte, so wie sie aussah und stank. Wenn man nicht aufpasste, redete sie auf einen ein. Fragte nach der Uhrzeit und wartete bloß darauf, loswettern zu können. Jetzt saß sie da und redete laut mit sich selbst.

Jan wandte den Blick ab. Die Augen hielt er trotzdem auf, weil er nicht wollte, dass er wieder vor sich sah, wie sie ihn vor ein paar Tagen erst so dunkel angestarrt und gesagt hatte: „Verschwinde von hier, aber schnell, sonst ergeht es dir schlecht."

10. Kapitel
Lass das, bitte

Jan lag tief unter seinen Decken vergraben. Er schwitzte und träumte von Ratten, die hinter ihm herliefen und sich in seiner Ferse festbissen. Manche sprangen auch an ihm hoch und bissen ihm in den Po. Dann saß er aufrecht im Bett und trank warmen Tee.

„Hast du Hunger?“, fragte Mama und sah ihn forschend an.

Jan schüttelte den Kopf, rutschte unter die Decke und schlief erneut ein. Träumte wieder verrückte Sachen und fühlte immer mal einen kühlen Lappen auf seiner Stirn. Auch an den Waden wurde es zwischendurch kalt.

Jan störte das nicht, er hatte genug mit Schlafen zu tun. Er erschrak, als die Tür aufging und nicht Mama, sondern die Rattenfrau im Zimmer stand. „Jan“, sagte sie, setzte sich zu ihm und schob ihm ein Fieberthermometer unter den Arm. „Was hast du dir nur dabei gedacht?“

„Ich hab zu denken vergessen“, sagte er. „Außerdem waren meine Hausaufgaben gemacht.“

Jan schlief und hörte, wie die Rattenfrau sagte: „Das Fieber steigt.“

„Hauptsache, es wird nicht mehr dunkel“, murmelte Jan, „und die Ratten beißen mir nicht in den Po.“

„Ach, Jan." Plötzlich war es wieder Mama, die neben ihm saß. Wenn ihn nicht alles täuschte, weinte sie.

„Mama", murmelte er. „Lass das, bitte. Dazu bin ich zu groß."

„Das ist wahr." Mama wischte ihre Tränen weg und zog ihn aus dem Bett. Zog und zog und hielt die Autotür für ihn auf. Der Sitz, auf dem er saß, war ganz kalt.

Als sie bei Dr. Baumann ankamen, horchte er Jan ab. Und er gab ihm einen Saft. Nach Kirschen schmeckte der jedenfalls nicht. „Schlaf dich erst mal aus", sagte der Baumann und lachte.

Jan lag irgendwann wieder in seinem Bett, lachte auch, obwohl er doch schlief. Und als er erwachte, sagte er zu Mama, die immer noch auf seiner Bettkante saß: „Was für ein Glück, dass du nicht die Rattenfrau bist."

Nach einem weiteren Tag saß Papa zur Abwechslung da. „Alles im Lot", sagte er mit ruhiger Stimme. „Dein Fahrrad ist wieder fit."

„Was?" Jetzt riss Jan die Augen weit auf.

„Kannst du mir sagen, was du damit angestellt hast?"

Er antwortete nicht.

Papa knuffte ihn sanft in den Arm. „Jag uns nicht solche Schrecken ein", sagte er mit ruhiger Stimme. „Das muss doch nicht sein."

Auf einmal hatte Jan Hunger. Und wer ihm was brachte, war Amelie.

Jan rieb sich die Augen. „Träume ich oder ist hier was faul?", fragte er und grinste. Dann biss er in sein Brot. „Wo du dich sonst immer drückst."

„Tss!", sagte Amelie nur. Mehr kam nicht von ihr. Sie war kein bisschen gemein. Lächelte nur, als hätte sie ihn wirklich gern. Schleppte dann auch noch einen Kuschelbären aus ihrer Sammlung für ihn an.

Jan hätte ihn nicht unbedingt gebraucht, aber das sagte er nicht, sondern freute sich einfach. Genau wie über Paulinas Kopf, den er kurz darauf zu sehen bekam. Als er gerade mit den Broten von Amelie fertig war, schob sie ihn zur Tür rein und fragte: „Brauchst du noch was?"

Er lehnte sich in seine Kissen. „Im Augenblick fällt mir nichts ein", sagte er. „Aber wenn ich was weiß, geb ich dir Bescheid."

„Lieb von dir", meinte Paulina und grinste. „Klopf einfach gegen die Wand."

Ab und zu konnte es auch von Vorteil sein, ein Herz zu haben wie Jan. Kaum holte man sich eine Erkältung und fieberte mal ein bisschen, drehten alle gleich völlig durch.

Dabei fühlte er sich schon wieder gut. Obwohl er die ganze Angelegenheit gern noch etwas in die Länge gezogen hätte, weil er es schön fand, wenn die anderen so leise und behutsam mit ihm waren und sich fast ein Bein ausrissen für ihn.

11. Kapitel
Mach mal die Augen zu!

Bevor Jan wieder aufstand, kam Josh. „D-D-Du alter Faulpelz liegst ja immer noch da“, sagte er.

„So ein Quatsch“, entgegnete Jan. „Erstens bin ich kein Faulpelz und zweitens liege ich nicht.“

Josh grinste. „I-Ist ja schon gut.“ Er suchte in seiner Hosentasche und schob Jan drei Fruchtgummivampire und zwei Lakritzbrezeln zu. „Die sind für dich. Damit du wieder fit wirst.“ Er boxte Jan sanft gegen den Arm.

„Danke“, murmelte Jan und steckte sich einen Vampir in den Mund. Ein bisschen Sand klebte daran.

„Ich hab noch was!“, verkündete Josh und setzte eine Miene auf, die Jans Herz schneller schlagen ließ.

Insgeheim wartete er schon darauf. Aber Josh war Josh, der ließ sich nicht drängeln, das wusste Jan, schließlich kannte er ihn schon lange. Seit Josh mit seiner Mutter in eines der Hochhäuser gezogen war. In den vierzehnten Stock. Jan hatte sich zuerst gar nicht hingetraut, weil er Angst gehabt hatte, versehentlich aus dem Fenster zu fallen. Damals waren sie noch in den Kindergarten gegangen.

Josh hatte die Erzieherin gleich am ersten Tag in den Arm gebissen und sich dann ausgerechnet Jan ausgesucht, der mit ihm auf den Spielteppich gehen sollte. Jan hatte einen riesigen Turm mit ihm gebaut und Josh hatte aufgehört, wie ein Wilder zu schreien. Alle hatten gestaunt. Von diesem Tag an hatte Josh Jan beschützt. Er hatte sich Prügeleien mit größeren Jungen geliefert, wenn er geglaubt hatte, Jan sei in Gefahr. Und er hatte Bilder für ihn gemalt. Und Sachen gesammelt: Regenwürmer und tote Käfer.

Bis Jan eines Tages mit Mama zu ihm nach Hause gegangen war. Mama hatte mit Joshs Mutter Kaffee getrunken. Jan und Josh hatten mit den Autos gespielt und schließlich um die Wette aus dem Fenster gespuckt. Seitdem waren sie Freunde.

Josh lebte mit seiner Mutter allein. Manchmal lachte sie viel und ganz laut. Manchmal guckte sie fast durch einen hindurch und roch nach Bier. Josh hatte nie einen Vater gehabt. Jedenfalls keinen, der sich dafür interessierte, dass es Josh überhaupt gab. Trotzdem schwärmte Josh ab und zu, sein Vater sei gerade wieder auf Polarexpedition oder habe sich als Schlangenbeobachter im Urwald verschanzt.

Jan ließ ihn reden. Josh war ja nicht blöd. Der wusste schon selbst, wie es in Wirklichkeit war. Jan war sein Freund. Und es war ihm egal, wie er aussah und dass man hin und wieder Geduld aufbringen musste, bis Josh mit einem Satz fertig war.

„U-U-Unterbrich mich nicht immer“, brummte er, wenn Jan ihm zuvorkam. Jan wusste eben, was Josh sagen wollte.

Jetzt schaukelte er mit seinem Stuhl und genoss Jans wachsende Neugier. „Mach mal die Augen zu!“, sagte er endlich. „Aber wehe, du schummelst.“

Jan hörte Joshs Schnaufen. Ließ zu, dass der seine Hand nahm und etwas hineinlegte, was aus Metall war. Mit einem Griff. Mit einer Klinge.

„H-H-Halt es ganz vorsichtig fest“, flüsterte Josh geheimnisvoll. „Ganz vorsichtig, hast du gehört?“

Plötzlich wusste Jan, was Josh vom Grund des Baches geholt hatte und was nun in seiner Hand lag. Vorsichtig schloss er die Hand um den Griff des Messers, fühlte, tastete, passte auf, dass die Klinge nicht in seine Haut schnitt. „Wow“, sagte er leise. „Darf ich wieder gucken?“

Das Messer war ein besonderes Messer, das sah Jan sofort. Der Griff war aus schwarzem Holz. Es war mit Mustern verziert. Die Klinge war groß. „Ist sie auch scharf?“, fragte er.

„Probier's doch aus!“ Joshs Augen leuchteten. „Beim nächsten Mal kriegen sie Ärger.“

„Wer?“

Abfällig winkte Josh. „Na, wer schon? Dein Fahrrad hängt jedenfalls niemand mehr in einen Baum.“

„Diese Blödmänner“, seufzte Jan. „Zum Glück hat mein Vater keinen Ärger gemacht und das Fahrrad repariert.“

Josh nickte. Sein Gesicht war auf einmal ganz ernst.

Jan hielt das Messer noch einen Augenblick fest. „Mach keinen Quatsch", sagte er. „Das lohnt sich doch nicht. Außerdem werden wir mit denen schon fertig."

Wieder nickte Josh mit einer Miene, die Jan zögern ließ. Nur ungern gab er ihm das Messer zurück.

„Keine Sorge", beruhigte ihn Josh, wickelte es in ein Frotteetuch und ließ es in seinem kleinen Rucksack verschwinden. „Ich hab ein gutes Versteck dafür bei mir zu Haus."

12. Kapitel
Fanni

Jan begutachtete schon bald wieder die Tomaten- und Zucchinipflanzen im Garten. Selbst eine Paprika hatte Mama in diesem Frühjahr gesetzt. Aber noch ließ sich nichts ernten. Nicht mal die Kirschen waren so weit. Trotzdem kletterte er in den Baum und blieb still oben sitzen. Blickte über die Wiesen. Fragte sich, wo Fanni eigentlich war. Eine ganze Weile hatte er sie bereits nicht mehr gesehen.

Irgendwann machte er sich ans Suchen. Er hatte so ein Gefühl. Leise rief er nach ihr. Suchte draußen und drinnen. Kroch in alle Ecken. Bis er Fanni schließlich unter der alten Nähmaschine fand. Fanni war nicht allein und Jan vergaß vor lauter Aufregung zu atmen, bevor er dann ganz schnell die anderen rief. „Es ist was passiert!“

Fünf Kätzchen hatte Fanni bekommen. Sie waren so niedlich und klein. Die Augen hatten sie alle noch zu. Dafür konnte man sie aber bald trinken sehen. Tollpatschig suchten sie nach Fannis Zitzen.

Jan hätte sie nur zu gern in seine Arme geschlossen und bis auf sein Bett getragen. Doch Fanni war die

Mutter und musste sich jetzt um ihre Kleinen kümmern. Jan war sehr stolz.

Abends saß er vor seinem Heft *Über das Leben in der Natur,* nahm seinen Füller und schrieb:

Heute hat die Natur wieder ein Wunder vollbracht: fünf neugeborene Katzen unter der alten Nähmaschine bei uns oben im Flur. Die Zitzen von Fanni finden sie sogar blind. Ihr Fell ist verschieden gefleckt. Eine hat einen schwarzen Punkt direkt neben der Nase. So ähnlich wie Fanni. Eine andere hat ein ganz weißes Fell und einen schwarz-weiß gekringelten Schwanz. Wenn man das alles gesehen hat, fühlt man sich geehrt.

Er klappte das Heft zu und schob es in die Schublade seines Schreibtischs. Den Füller steckte er in seine Mappe.

Später als sonst kroch Jan in sein Bett, löschte das Licht, fühlte seinen Herzschlag ruhig und fest. Hörte, wie Mama zur Tür hereinkam, wie sie irgendwas sagte und gleich wieder ging.

Josh würde als Erster davon erfahren, dachte Jan noch und gähnte. Dann schlief er ein, schlief wie ein Stein.

13. Kapitel
Geboren wird doch wohl jeder

Früh am nächsten Morgen wurde Jan wach und sauste barfuß zur alten Nähmaschine am Ende des Flurs. Fanni hob ihren Kopf und Jan zählte aufgeregt nach, ob auch bestimmt keines der fünf Neugeborenen fehlte. „Komplett", flüsterte er und hätte sie am liebsten alle in seine Schultasche gepackt. Er konnte sich gar nicht losreißen von ihrem Anblick, streichelte sie, als er merkte, dass Fanni es zuließ.

Schließlich machte er sich dann aber doch auf den Weg und erzählte Lara-Sofie, die im Bus zufällig wieder neben ihm saß, gleich als Erstes davon. Obwohl er mit ihr normalerweise nicht über so etwas sprach.

Lara-Sofie guckte ihn an. „Fünf kleine Katzen?" Sie bekam den Mund gar nicht mehr zu. „Und die sind alle bei dir zu Haus?"

Jan zuckte mit den Achseln. „Willst du sie sehen?" Die Frage war schon heraus, bevor er überhaupt nachgedacht hatte.

Lara-Sofie schnappte nach Luft. Blaue Augen hatte sie, fiel Jan jetzt auf, wie Amelie. „Wenn du sie mir zeigen willst, komme ich natürlich." Sie lächelte. „Du musst mir nur sagen, wo du wohnst."

Jan nickte. Da hatte er sich etwas eingebrockt. Er nannte ihr seine Adresse.

„Und wann?“

„Sagen wir heute Nachmittag um drei?“ Jan war sich selbst nicht ganz sicher, ob er überhaupt Zeit hatte. Aber weil Lara-Sofie nickte und sagte: „Ich frag meine Mutter, ob sie mich bringt“, ließen sie es schließlich dabei.

Jan guckte raus auf die Straße. Und als der Bus durch ein Schlagloch fuhr, stieß er sich den Kopf.

„Habt ihr denn auch schon Namen für sie?“, fragte Lara-Sofie.

„Klar“, sagte Jan und war froh, dass sie aussteigen mussten. Irgendwann blieb er stehen und band sich den Schuh.

Lara-Sofie blieb aber ebenfalls stehen und wartete geduldig auf ihn.

„Na“, empfing Lasse ihn, als sie auf dem Schulhof ankamen. „Hast du einen schönen Schulweg gehabt?“

„Tss“, machte Jan nur und konnte nicht verhindern, dass Lara-Sofie ihm noch zunickte und sagte: „Am Reutersweg 97, um drei. Ich komme bestimmt.“

Jan erwiderte sogar etwas wie ein Lächeln. Das musste er ja. Aber was Lasse jetzt dachte, war klar. „Es ist nur wegen der Katzen“, murmelte Jan.

„Nur wegen der Katzen.“ So wie Lasse guckte, glaubte der ihm kein Wort.

„Und ob“, schnaubte Jan. „Du hast keine Ahnung! Sie sind gestern erst geboren worden.“

Lasse stutzte. „Na und?“, sagte er dann. „Was ist schon dabei? Geboren wird doch wohl jeder.“ Er schob die Hände in die Hosentaschen und kam sich offensichtlich oberschlau vor.

Gern hätte Jan Lasse mal so richtig die Meinung gesagt. Aber weil er Josh in diesem Augenblick auf der anderen Seite des Schulhofs entdeckte, drehte er sich um und sagte nur: „Spar dir deine Sprüche. Es hört dir nämlich keiner mehr zu.“

„Hauptsache, dir!“, rief Lasse ihm nach. „Auf dich hören ja alle. Jedenfalls alle Mädchen. Bei so einem Weichei trauen sie sich.“

14. Kapitel
Lass den einfach reden

Josh hatte eine Beule am Kopf. Sie leuchtete lila und ein bisschen blau. „I-Ist mir auf der Tr-Tr-Treppe passiert. Drei waren hinter mir her, w-w-weil sie dachten, ich hätte sie blöd angeguckt.“

„Und? Hast du?“, fragte Jan.

Josh verzog seinen Mund. „Selbst wenn“, murmelte er. „Gucken wird doch wohl erlaubt sein.“

„Ist es“, sagte Jan schnell. „Manche suchen ja nur nach einem Grund.“

„Weil ihnen meine Nase nicht passt." Josh schwenkte seine Tasche vor und zurück. „Aber ich lass mir das nicht gefallen. Ich nicht."

„Und was willst du tun?"

Josh starrte nur vor sich hin, während die Tasche immer höher flog, vor und zurück. Bis er versehentlich einen Jungen am Kopf damit traf, der vorbeilief und gerade nicht guckte.

„Hey, du blöder Fettklops!", rief der. „Pass doch auf!"

„P-Pass doch s-s-selber auf!", erwiderte Josh.

„Außerdem hat er es nicht extra gemacht", mischte Jan sich jetzt ein.

„Blöd ist er trotzdem. Und fett."

„H-H-Halt den Mund!"

„H-H-Halt du ihn doch!", äffte der Junge ihn nach. „Und deine Ta-Ta-Tasche dazu." Alle, die in der Nähe standen, lachten.

Josh lief rot an. Er zog den Kopf in den Nacken.

„Nicht", sagte Jan, der schon ahnte, was kam. Er hielt Josh am Arm fest. „Lass den einfach reden."

Aber Josh war nicht mehr zu bremsen. Wütend ging er auf den Jungen los, packte ihn bei den Schultern. „Von wegen fett!", keuchte Josh. Er schubste ihn zu Boden und stürzte sich auf ihn.

Der Junge schrie und versuchte, sich aus Joshs Griff zu befreien. Er japste und strampelte unter Josh, der auf ihn einzuschlagen begann. „Du zerquetschst mich ja noch!“

Josh schien nichts zu hören. „Hier sagt keiner mehr Fettklops, kapiert?“

„Lass ihn in Ruhe, er ist viel kleiner als du!“, schimpfte jetzt ein Mädchen.

„Genau!“, rief ein anderer. „Es ist ungerecht, wenn man auf Kleinere losgeht!“

Josh schlug immer weiter auf den Jungen ein.

„Josh!“, schrie Jan und riss an seinem Arm. „Bist du verrückt geworden? Was machst du denn da?“

Ganz fremd war Joshs Gesicht, als er Jan ansah, und einen Augenblick dachte Jan, auch er würde von Joshs Wut noch was abbekommen. Aber dann ließ Josh den Jungen tatsächlich los, erhob sich, wehrte sich nicht gegen den Tritt, den der Junge ihm vom Boden aus verpasste. Josh stapfte davon, blickte niemanden mehr an, nicht einmal Jan.

15. Kapitel
Nichts ist okay

Ein paarmal an diesem Vormittag ging Jan zu Josh und sagte: „Tut mir leid, was passiert ist, Josh. Ich wollte dir helfen. Versteh das doch!“

Josh blickte nur stumm vor sich hin. Nahm schließlich seine Stiftmappe und einen Spitzer hervor. „I-I-Ist alles o-o-okay“, sagte er, stand auf und ging zum Mülleimer, wo er seine Stifte zu spitzen begann.

„Nichts ist okay“, beschwerte sich Jan und folgte ihm. „Und außerdem …“ Jan zögerte. „Ich hätte ja auch noch eine Neuigkeit für dich.“

Josh betrachtete seinen roten Buntstift, steckte ihn weg und nahm sich den blauen vor.

„Aber die musst du schon sehen“, fuhr Jan fort. „Bei mir zu Haus.“ Er wartete. Ob Josh vielleicht nachfragen würde. Doch der war inzwischen bei gelb angekommen und tat, als wäre Jan gar nicht da.

„Ich bin dein Freund“, murmelte Jan. „Das weißt du ja wohl.“

Josh zog die Nase hoch, überprüfte noch einmal sämtliche Stifte. „Hab ich gemerkt“, sagte er.

Sie gingen an ihre Plätze, weil der Rau in diesem Augenblick kam.

Jan kaute auf seiner Lippe. Josh war nicht sein einziger Freund. Auch mit Leon und Moritz zum Beispiel verstand er sich gut und langweilte sich eigentlich nie. Aber Freund und Freund war eben noch längst nicht dasselbe …

Er nahm einen kleinen Zettel und schrieb: *Fanni hat Junge gekriegt (fünf). Willst du sie sehen?* Den Zettel faltete er zusammen, schrieb groß *JOSH* darauf und schob ihn unauffällig zu Lasse hin. „Weitergeben", flüsterte er.

Lasse grinste nur gleich wieder. „Na", flüsterte er. „Freust du dich auch so auf heute Nachmittag wie Lara-Sofie?"

„Mach schon", flüsterte Jan ungeduldig. „Und halt dich aus Sachen raus, die dich nichts angehen!"

„Was soll ich?" Lasse gab sich keine Mühe, leise zu reden.

„Den Zettel weitergeben, was sonst?"

Lasse genoss es, Jan zappeln zu sehen. „Steht denn was Geheimes drin?"

Am liebsten hätte Jan ihm eins auf die Nase gegeben. Lasse war doof.

Zu allem Überfluss fragte der Rau nämlich jetzt: „Was ist los bei euch? Gibt es irgendwelche Klarheiten, die zu beseitigen sind?" Eigentlich war er ja ganz nett. Aber in einem Augenblick wie diesem kamen sie besser ohne ihn zurecht.

„Alles okay", murmelte Jan und warf Lasse einen beschwörenden Blick zu.

„Alles okay", betete der brav nach, weil er wohl nicht als Verräter dastehen wollte. Das erledigte dafür sein Blick. Den senkte er nicht gerade unauffällig auf den Tisch und den Zettel von Jan, der an Josh gerichtet und von diesem schleimschmierigen Lasse immer noch nicht weitergereicht worden war.

Herr Rau hatte ihn schon gesehen. „Ah", sagte er. „Da liegt ja was." Er trat einen Schritt näher.

Hastig nahm Jan den Zettel vom Tisch. Ihm klopfte das Herz.

„Ah", sagte der Rau nur. „Und jetzt ist es weg."

Jan hörte Lasse neben sich, der ansetzte, um sich zu beschweren, es aber dann sein ließ, weil der Rau mit dem Unterricht fortfuhr.

Jan musste aufpassen, dass ihm sein Fuß nicht zur Seite wegrutschte, wo sich Lasses Schienbein befand. Und überhaupt konnte der von Glück sagen, dass sie einen Lehrer hatten, der manchmal vielleicht etwas verstand.

Gleich nach der Stunde ging Jan zu Josh und gab ihm den Zettel.

Der steckte ihn in seine Hosentasche. Traurig sah er mit seiner dicken Beule aus. Er drehte sich um und trottete wortlos davon.

„Aber du musst ihn auch lesen!", rief Jan ihm noch nach. Seufzend packte er seine Sachen zusammen. Josh musste doch verstehen, dass er es nur gut gemeint hat-

te. Und mehr, als ihm die Sache zu erklären, konnte er ja wohl nicht. Vielleicht ließ die Beule Josh vorübergehend nicht richtig denken. Jan wusste im Moment jedenfalls nichts weiter für ihn zu tun.

16. Kapitel
Kleine Küsse

Bis zum Nachmittag war Jans gute Laune zurück. In Windeseile waren seine Hausaufgaben erledigt und er saß wieder bei der alten Nähmaschine im Flur. Er betrachtete die fünf kleinen Katzen, deren Augen nach wie vor geschlossen waren. Fast noch niedlicher sahen sie an ihrem zweiten Lebenstag aus. Wie sie nah beieinanderlagen und wühlten. Wie sie nach Fannis Zitzen suchten. Fanni war geduldig mit ihnen, stupste das Hellbraune zurecht. Sie hatten es Peppina getauft. Das Schwarze hieß Fritzi. Amelie hatte nachgeguckt. „Ist ein Kater“, hatte sie grinsend erklärt. Außer Fritzi gab es noch Franz. Die beiden anderen waren Norina und Florentina.

Jan riss sich wieder von ihnen los, weil ihm einfiel, dass heute jemand kam, der kleine Katzen mochte wie er. Und der eigentlich kein der, sondern eine die war, eben Lara-Sofie. Sie hatte vorhin angerufen und gesagt: „Also, ich darf.“

Jan horchte auf. Hatte er nicht gerade ein Auto gehört? Er ging zum Fenster, reckte den Hals.

„Kann es sein, dass du auf jemanden wartest?“

Jan fuhr erschrocken zusammen. Amelie stand plötzlich da. „Quatsch“, beeilte er sich zu sagen. „Das heißt: Vielleicht.“ Er verhaspelte sich. „Weil ich ja muss.“

„Wie meinst du das?", fragte Amelie verwundert.

Zu allem Überfluss wurde Jan auch noch rot, dabei gab es überhaupt keinen Grund. Aber was verstand Amelie schon davon? „Sie kommt eben wegen der Katzen", murmelte er und ging besser mal weg.

Trotzdem überhörte er nicht, wie Amelie flötete: „Sie kommt eben wegen der Katzen. Ist das nicht süß?"

Jan hätte ihr am liebsten eine runtergehauen, aber dafür war ihm Amelie schon zu alt. Außerdem konnte sie ihn mal, genau wie Mama und Paulina. Alle hatten den gleichen Blick, als sie erfuhren, wer heute noch kam.

Dabei war Jan sich selbst nicht ganz sicher, wie er es fand. Auch wenn er immer wieder die Treppe hochlief, weil er so stolz auf die fünf kleinen Katzen und auf Fanni war.

Um drei Uhr klingelte es an der Tür.

„Hi", sagte Lara-Sofie, als Jan ihr öffnete. Sie hielt ihm eine Packung Esspapier hin. „Ist für dich."

Jan ließ die Packung in seiner Hosentasche verschwinden. „Komm rein", sagte er und deutete mit dem Kopf Richtung Treppe. „Sie sind unter der alten Nähmaschine oben im Flur."

Er war mit Lara-Sofie schon bei der Treppe, da kam Mama an und gab Lara-Sofie erst mal die Hand. „Ihr geht in eine Klasse, nicht wahr?"

Lara-Sofie nickte. „Jan hilft mir in Mathe."

„Ah!" Zum Glück fragte Mama nicht weiter nach.

Dafür ging Amelies Zimmertür auf, als sie oben waren. „Besuch?“, fragte sie scheinheilig.

„Stell dir vor“, murmelte Jan und fasste Lara-Sofie bei der Hand. „Also, die Katzen“, sagte er und zog sie hinter sich her durch den Flur, „wären jedenfalls hier.“

Lara-Sofie bekam glänzende Augen, als sie sie sah. „Sind die niedlich“, flüsterte sie und hockte sich zögernd davor. „Darf ich sie anfassen?“

„Wenn du vorsichtig bist.“ Jan half ihr dabei, sie der Reihe nach aufzunehmen und behutsam an sich zu drücken. Kleine Küsse gab Lara-Sofie ihnen auch. Jan erlaubte es ihr. Er sorgte aber dafür, dass nach und nach alle fünf kleinen Katzen wieder zu Fanni zurückkamen.

„Hast du es gut“, seufzte Lara-Sofie.

„Tja.“ Mehr sagte Jan nicht dazu.

Sie guckten, wie die Kleinen sich an Fanni drängten, die alle fünf trinken ließ.

So, dachte Jan, könnte es bleiben. Er war ganz in Gedanken versunken, als es an der Haustür klingelte.

„Ich geh schon!“, schrie Amelie.

Jan hörte Stimmen von unten. Dann Schritte auf der Treppe. Und seinen Freund Josh, der rief: „Ich weiß sch-sch-schon Bescheid! W-W-Wetten, dass ich es weiß?“

Jan erschrak. „Stopp!“, hätte er am liebsten gebrüllt. „Geh besser nicht weiter! Weil du es ja doch falsch verstehst.“ Hätte er sich nur in Luft auflösen können.

Oder Lara-Sofie wegzaubern. Wie sollte er Josh erklären, warum sie hier saß?

„Josh!", rief er leise, um die Katzen nicht zu erschrecken. „Wo kommst du denn her?"

„Von draußen. Weil du gesagt hast, du willst mir noch was zeigen." Plötzlich stand er da. Das Strahlen wich aus seinem Gesicht. „Ach, so ist das." Josh starrte Lara-Sofie an. „Ich werde hier wohl g-g-gar nicht gebraucht."

„Was redest du da?" Jan kam ins Schwitzen. „Sieh doch!" Er zog seinen Freund näher ans Katzenlager heran. „Sind sie nicht niedlich? Gestern sind sie geboren. Und eigentlich solltest du der Erste sein, der sie zu sehen bekommt. Aber du wolltest ja nicht."

„Jetzt will ich", murmelte Josh und hockte sich hin. „Siehst du, ich bin hier."

17. Kapitel
Nicht pflücken

Lara-Sofie blieb den ganzen Nachmittag. Im Gegensatz zu Josh, der sich nach zehn Minuten wieder erhob. „Ist gut", sagte er. „Sie sind wirklich nett. Dann bis morgen."

„Wie?", fragte Jan. „Du willst schon gehen?"

„Ich hab noch was vor."

„Und was?"

Joshs Blick verfinsterte sich.

Weil Lara-Sofie dabei war, fragte Jan nicht weiter nach. Dabei hätte er gern gewusst, wer im Treppenhaus hinter Josh her gewesen war. Und wer behauptet hatte, Josh hätte blöd geguckt. Josh guckte nicht blöd und schlug normalerweise auch nicht einfach los.

Jan schob die Hände in die Hosentaschen, streifte Lara-Sofie mit einem Blick und guckte seinen Freund halb entschuldigend an. Schließlich war Lara-Sofie nur hier, weil sie im Bus neben ihm gesessen hatte.

An der Treppe kramte Josh noch etwas aus seiner Hosentasche hervor und steckte es sich in den Mund. Dann fiel die Haustür hinter ihm zu.

Etwas unbeholfen stand Jan mit Lara-Sofie im Flur. „Gehen wir raus?", schlug er ihr vor. „Ich meine, kletterst du mit deinem Kleid auch auf einen Baum?" Er lief vor ihr her bis in den Hof. Zeigte ihr den Schuppen mit dem uralten Moped. „Eines Tages", sagte er, „macht mein Vater es wieder flott und ich fahre damit."

„Du?" Sie guckte.

Er überlegte, ob er ihr erklären sollte, was daran kaputt war und wie man es reparierte.

Doch Lara-Sofie lief schon an den Beeten entlang und blieb immer mal wieder stehen. „Was ist das?", fragte sie.

Jan nannte ihr den Hibiskus, die Zitronenmelisse und die kleine Paprika, denn im Garten kannte er sich gut aus, nicht nur in Mathe.

Lara-Sofie war als Erste beim Kirschbaum. Er ließ ihr beim Klettern den Vortritt. Immerhin war sie sein Gast. Klettern konnte sie jedenfalls gut und saß bald ein ganzes Stück höher als er. „Ist toll hier!", rief sie. „Und Kirschen gibt es mehr als genug."

„Ich weiß." Jan konnte ihre Unterhose sehen. Sie war blau mit weißen Punkten darauf. „Du darfst sie aber nicht pflücken. Das ist noch zu früh."

„Dann muss ich wohl wiederkommen", entgegnete Lara-Sofie und lachte. „Das geht doch, oder?"

Fast rutschte Jan mit der Hand vom Ast ab. „Ja. Das heißt …" Er kletterte ein Stück weiter. „Mal sehen."

„Außerdem habe ich mich in alle fünf Kätzchen verliebt. Und natürlich in Fanni."

Schließlich saß Jan neben Lara-Sofie. Sie guckten durch die Blätter auf die Wiesen. Ein Vogel zog seine Kreise hoch in der Luft, kam beinahe ohne Flügelschlag aus.

„Es ist wirklich schön hier", sagte Lara-Sofie plötzlich leise. „Es ist der schönste Ort, den ich mir vorstellen kann."

18. Kapitel
Ausnahmezustand

Mamas Blick wanderte immer häufiger in den Kalender. Jan kannte das schon. Aber es war nicht nur ihr Blick, sondern auch der Besuch bei Dr. Baumann, der ankündigte, dass es bald so weit war.

Jan hatte keine Worte für diese Zeit, in der alles anders wurde. Und obwohl sie es doch kannten und sich nicht mehr verrückt damit machten, spürte Jan auch die Angst.

Das Herz war das Herz und es schlug. Wenn man ihn aufmachte und am Herzen operierte, war er über viele Stunden betäubt und man brauchte eine Maschine, die vorübergehend die Arbeit für das Herz übernahm. Sein Blut floss dann durch Schläuche. Jan stellte es sich lieber nicht zu genau vor. Schließlich bekam er ja auch nichts davon mit. Selbst Mama und Papa nicht, die saßen draußen irgendwo in den Gängen.

Jan wusste, dass es schwer für sie war. Obwohl sie wahrscheinlich glaubten, er merke es nicht. Aber Mama zum Beispiel lachte manchmal lauter als sonst. Oder sie nickte nur, wenn Amelie davon anfing, dass sie mit der Schule aufhören wollte, um mit ihrem Pferd zu einem richtigen Rennstall zu gehen.

„Du hörst mir ja gar nicht zu“, beschwerte sich Amelie dann und lieferte die Erklärung gleich mit: „Klar:

Wir haben wieder mal Ausnahmezustand. Da kann man nichts machen.“

Dabei wollte Jan nicht, dass alles andere auf einmal unwichtig war. Und ab und zu wünschte er sich, Papa redete wie sonst von seinem Stress im Büro. Doch Papa riss sich zusammen. Und statt Schüsseln auf den Küchenboden fallen zu lassen, brachte er eine große Familienpizza mit.

Darauf stürzten sich alle. Aßen, bis sie fast platzten. Selbst Paulina hielt sich nicht zurück, obwohl sie eigentlich abnehmen wollte. „Ausnahmen“, sagte sie und leckte sich genüsslich die Finger, „sind doch wohl erlaubt.“

Jan lag an diesem Abend länger wach, wahrscheinlich wegen all der Pizza in seinem Bauch. Und als er schnell noch mal zum Klo lief, hörte er über die Treppe ein paar Halbsätze von einem Gespräch.

Er blieb einen Augenblick stehen, anscheinend drehte es sich wieder um ihn. „Macht euch keine Gedanken“, hätte er ihnen am liebsten gesagt. Aber mit einem Mal fühlte er sich müde und hatte morgen doch Schule. Deshalb ging er auf direktem Weg ins Bett. Trotzdem schlief er nicht gleich ein. Irgendwann träumte er wild. Am nächsten Morgen wusste er nur noch, dass er um sein Leben gerannt war.

Eilig zog Jan sich an und saß wieder bei Fanni und den fünf kleinen Katzen, nahm Fritzi auf seinen Arm.

Seine Augen hatten sich endlich geöffnet. Sie waren blau und guckten noch ein bisschen hilflos herum. Fritzi suchte mit seinen samtigen Pfoten an Jans Brust. Vielleicht wollte er Milch, aber die gab es bei Jan ja wohl nicht.

„Hey“, flüsterte Jan und blies Fritzi seinen warmen Atem ins Fell. „Kann es sein, dass du kein Frühstück gehabt hast?“

Die kleinen Ohren richteten sich auf. Fritzi gab ein leises Miauen von sich. Und dann wurde es auf Jans Bauch plötzlich nass. Ein großer Fleck breitete sich auf seinem Polohemd aus.

„Was fällt dir ein?“, empörte sich Jan und setzte Fritzi ins Katzenlager zurück. „Du musst deine Kinder besser erziehen“, ermahnte er Fanni, als sie ihren Kopf gegen seine Hand stieß. Das hieß, er sollte sie streicheln. „Oder findest du das etwa in Ordnung?“ Jan zeigte ihr den Fleck auf seinem Hemd, für den Fanni sich aber nicht interessierte.

Im Gegensatz zu Amelie, die natürlich genau in dem Moment vorbeikam, als Jan in sein Zimmer flitzte, um es zu wechseln.

„Oh!“, sagte sie und grinste. „Kleiner Unfall?“

„Fritzi“, erwiderte er knapp.

„Dann freu dich, Bruderherz“, sagte sie. „Babykatzenpipi bringt Glück.“

19. Kapitel
Hast du keine Augen im Kopf?

Josh erschien an diesem Morgen nicht in der Schule. „Ist er krank?“, fragte der Rau und schaute Jan an. „Seine Mutter hat ihn nicht entschuldigt.“

Jan hatte keine Ahnung. Josh wich ihm immer noch aus. Daran hatte auch der Überraschungsbesuch vor ein paar Tagen nicht viel geändert. Nach den kleinen Katzen hatte Josh kein einziges Mal mehr gefragt.

Jan fand es ungerecht und er verstand Josh nicht ganz. Schließlich war es doch nicht verboten, dass auch jemand anderes außer Josh zu ihm kam.

„Ich kann ja nach der Schule bei ihm vorbeigehen“, hörte er sich. „Nach ihm sehen und ihm die Hausaufgaben bringen.“

„Das wäre nett von dir“, sagte der Rau.

Jan guckte gleich wieder weg, als er einen Blick von Lara-Sofie auffing. Ob sie ihm vorschlagen wollte, mit ihm zu gehen?

Mama musste von einem Krankenbesuch bei Josh besser nichts wissen. Sie war womöglich nicht damit einverstanden, schon wegen der Ansteckungsgefahr. Dabei brauchte Josh ihn vielleicht.

Ungeduldig ließ Jan den restlichen Schulvormittag über sich ergehen. War sogar freundlich zu Lasse, weil der freundlich zu ihm war.

Auf dem Weg vom Bus nach Hause wartete Jan heute nicht auf die Kühe. Er aß eilig zu Mittag und sagte, als Mama fragte, welche Hausaufgaben er zu erledigen hatte: „Nur ein bisschen Deutsch und Mathe. Aber …" Jan schluckte, denn im Lügen war er nicht gut, auch dann nicht, wenn es sozusagen eine Notlüge war. „Josh hat mich gefragt, ob ich ihm helfe." Er sah an Mama vorbei, seine Stimme gehorchte ihm nicht ganz. „Er hat die Matheaufgaben irgendwie nicht verstanden." Schnell schob er noch eine Kartoffel nach, obwohl er längst pappsatt war.

„Irgendwie nicht verstanden", wiederholte Mama und er fühlte, wie sie ihn ansah. „Bist du bald zuständig für alle?"

„Quatsch." Jan nahm einen großen Schluck Apfelschorle. „Aber doch wohl für meinen besten Freund. Also, darf ich?" Jetzt wagte er kurz einen Blick.

„Wenn es sein muss", sagte sie. „Schludert aber nicht alles ins Heft."

Jan sprang auf. „Was denkst du denn?" Er sauste hoch in sein Zimmer, holte seine Sachen und die Aufgabenblätter für Josh. „Zieh mal deinen Hintern ein", forderte er Amelie auf, als er wieder runterkam und sie ihm im Weg stand. „Hier kommt ja keiner vorbei."

„Wie bitte? Ich hör wohl nicht richtig."

Das war nicht Jans Problem, denn inzwischen war er an ihrem Hintern vorbei. Hatte sich seine Schuhe und die Jacke geschnappt, auch den Helm, zog die Tür hinter sich zu und fuhr bald darauf los.

Josh würde Augen machen, wenn Jan vor ihm stand. „Hab dir was mitgebracht", würde er sagen, „weil du gefehlt hast."

Die Luft roch nach Wiese und Wind. Ein warmer Wind war es. Plötzlich dachte Jan, dass bei Josh zu Hause vielleicht niemand war. Josh trieb sich oft in der Gegend herum. Am Bach. In den Straßen der Siedlung oder bei der alten Fabrik. Jan würde ihn schon irgendwo aufspüren.

Er würde ein ernstes Wort mit ihm reden. Und wenn es sein musste, erklärte er ihm auch die Matheaufgaben noch mal. Jan fuhr nicht zu schnell, nicht zu langsam. Sobald die Straße anstieg, rutschte er vom Sattel, schob sein Fahrrad ein Stück. Dann schwang er sich wieder auf, fuhr weiter.

Bei den ersten Häusern des Wohngebiets bog er rechts ab. An der Ampel sah er die Rattenfrau stehen. Jan wurde langsamer. Die Ampel stand noch auf Rot.

„Weißt du, wie spät es ist?" Schon war die Rattenfrau dicht bei ihm. Sie roch, als hätte sie sich seit Wochen nicht mehr gewaschen und hundertmal in die Hose gemacht.

Jan hielt die Luft an. „Ja", sagte er und warf einen hastigen Blick auf seine Armbanduhr. „Es ist Viertel vor drei."

„Hab ich mir gedacht.“ Sie fasste nach seinem Arm. „Junge“, sagte sie. „Mich lügt keiner an. Und wer es versucht, der bezahlt dafür. Hast du mich verstanden?“ Sie kam mit ihrem Gesicht ganz nah an Jan heran. Dunkel waren ihre Augen. Wirr. Jan sah die Lücken zwischen ihren fleckigen Zähnen.

„Ja, ja.“ Er versuchte, sich aus ihrem Griff zu befreien.

Ihre langen grauen Haare berührten dabei seinen Arm. „Du willst mich aber nicht wieder verlassen, oder?“, schrie sie. „Mich verlässt keiner!“

Jan trat in die Pedale. Um ein Haar hätte er eine Fußgängerin übersehen.

„Hast du keine Augen im Kopf?“, rief sie. „Pass doch auf!“

Jan fuhr einfach weiter und war froh, als er außer Atem bei den Hochhäusern ankam.

20. Kapitel
In geheimer Mission

Josh wohnte im Haus mit der Nummer 8 E. Jan schloss sein Fahrrad an einem verrosteten Fahrradständer fest. Er brauchte eine ganze Weile, bis er Joshs Klingel zwischen all den anderen überhaupt fand. Baier hieß Josh und seine Wohnung war im vierzehnten Stock. Noch bevor Jan den Klingelknopf drückte, kam jemand zur Tür raus und fragte: „Musst du hier rein?"

Jan huschte in den dunklen Hausflur, fuhr als Einziger mit dem Aufzug hoch, stand schließlich vor Joshs Tür. Alles war still. Auch auf Jans Klingeln rührte sich nichts.

Vielleicht gab es einen besonderen Grund, warum Josh nicht in der Schule aufgetaucht war. Vielleicht war es geheim und seine Mutter wusste von nichts. Manchmal war sie selbst ja auch für ein, zwei Tage verschwunden und Josh hatte keine Ahnung, wo sie sich aufhielt. Dann war sie, wie er sagte, in geheimer Mission unterwegs.

Jan riss einen kleinen Zettel aus seinem Notizblock. *Hi, Josh,* schrieb er. *Ich wollte zu dir, aber du warst nicht da. Ich hoffe, wir sehen uns bald. Dein Freund Jan.* Er schob den Zettel unter der Tür durch und richtete sich wieder auf. Kurz darauf sprang er die vielen Treppenstufen hinunter, bis ihm schwindelig war.

Mit seinem Fahrrad fuhr Jan zum Marktplatz zurück, obwohl er Angst hatte, die Rattenfrau liefe ihm noch ein zweites Mal über den Weg. Sie war ihm unheimlich. Denn wem sie zu nah kam, dem brachte sie Unglück. Ein paar in der Klasse behaupteten das zumindest.

Bei der Ampel und auch am Marktplatz war von ihr aber nichts mehr zu sehen. Jan fuhr und hob lässig die Hand, als zwei Jungen aus seiner Parallelklasse auftauchten. Nach Josh fragte er sie besser nicht, weil Josh wohl nicht krank war, sondern sich irgendwo in den Straßen herumtrieb. Oder vielleicht am Bach?

Jan fuhr bei der alten Schule vorbei, sah schon von Weitem, wie ein Basketball flog.

„Los!", riefen ein paar. „Spiel mit! Uns fehlt noch einer."

„Keine Zeit", entgegnete Jan und fuhr am Bach entlang, der durch das Wohngebiet führte. Meterhoch standen die Brennnesseln hier und säumten das Ufer, sodass man nicht bis ans Wasser kam.

Jan ahnte schon, wo er Josh antreffen würde. Auch wenn man bei ihm nie genau wusste. Manchmal fand man ihn nirgends, dann war Josh weg, tauchte irgendwann wieder auf und zog mit geheimnisvoller Miene einen alten, kaum lesbaren Zettel hervor. „Ist eine ganz heiße Sache. Ich weiß es. Eines Tages sind wir steinreich, du und ich. Wetten, dass?"

Das Fahrrad fuhr fast von allein, weil der Weg jetzt ein wenig abschüssig war. Der Wind strich Jan um die Ohren. Er verlor keine Zeit mit lästigem Absteigen und Schieben und war bald bei ihrer Stelle am Bach.

„Josh!“, rief er, noch bevor er sein Fahrrad tief ins Gebüsch schob. Hoffentlich kamen Aki und Phil heute mal nicht. „Josh!“ Er lief bis dahin, wo das Ufer zum Wasser flach abfiel. Da sah er die Schuhe. Aber wo war der Rest?

Jan schlug das Herz schneller. „Josh! Los, zeig dich! Ich such dich überall und weiß, dass du hier bist.“ Jan rannte bis zur Brücke. Fast rutschte er weg.

„Mach mal langsam!“, kam Joshs Stimme plötzlich von weiter oben aus einem Baum.

„Josh!“, japste Jan. Die Angst drückte auf seine Brust. Kurz glaubte er, die Luft bliebe ihm weg. Jan hielt sich an einem Ast fest.

„Ich komm runter!“, rief Josh. Zweige knackten. Blätter fielen. Wie ein Elefant plumpste Josh zurück auf den Boden. „Was machst du für ein Geschrei?“

„Wieso?“, seufzte Jan. Sein Herzschlag beruhigte sich und auch in seine Lungen kam wieder Luft. „Ich schrei doch gar nicht.“

Sie stießen sich an. Dann zog Josh Jan hinter sich her. „Ich zeig dir was. Höchstpersönlich von mir gefunden.“ Sie krochen unter die Brücke, hielten sich an den feuchten Holzplanken fest.

„Wir hatten heute Schule“, sagte Jan. „Hast du das vergessen?“

„Ich hatte Bauchschmerzen. Und das Handy war wieder kaputt.“

Josh zeigte Jan seine gesammelten Schätze: zehn Plattwürmer, zwei Larven. Einen Gummistiefel. Eine angerostete Münze. „Römisch“, sagte Josh und grinste. Er zog aus seiner Hosentasche noch eine Dose, in der zwei Nacktschnecken saßen. „Ich hatte eben Zeit.“

„War's das?“, fragte Jan.

„Noch nicht ganz.“ Josh zauberte ein paar verklebte Bonbons hervor.

Jan schob sich eins davon in den Mund. „Ich habe Arbeitsblätter für dich.“

Josh guckte. Und Jan verschob die Frage nach seinen Bauchschmerzen und der Schule auf später. Schließlich war gerade alles so friedlich. Sie saßen unter der Brücke und hörten, wie einer darüberlief.

Josh zog sein Messer und den kleinen Stock hervor, an dem er schnitzte.

Jan legte den Kopf in den Nacken und blickte durch die Ritzen der Holzplanken in den Himmel. Das Blau war ein Blau, das sich ausdehnte, wenn man nur lang genug guckte. Es hörte nie auf. Die ganze Ewigkeit war darin, mit ihren Milliarden Sternen. „Vielleicht gehe ich ins Planetarium, später, als Forscher“, sagte er leise. „Wenn ich erst alle Operationen hinter mir habe.“

Josh hielt inne. „Machen sie dich wieder auf?"

„In ein paar Tagen." Jan nickte. „Ich konnte es dir ja nie sagen."

„Pff", machte Josh und das Messer rutschte über den glatten Stock ab, bis in die Hand. „Das ist aber bald." Blut quoll hervor, Josh leckte es ab.

Jan nahm einen kleinen Zweig auf und brach ihn entzwei. „Dafür kann ich dann aber bald auch wieder mehr."

„Zum Beispiel schwimmen, ohne dass du ersäufst."

Jan blickte auf. Über die Sache im Schwimmbad hatte er nie mit Josh gesprochen. Sie waren in der Staffel geschwommen und mitten im Becken hatte Jan plötzlich nicht mehr gekonnt. „Und Fahrrad fahren", sagte er schnell. „Und überhaupt rennen und Basketball spielen und so."

„Aber es dauert nicht lang, oder?" Josh schnitzte weiter an seinem Stock. „Und dann kommst du wieder."

„Ja", sagte Jan.

„Meine Mutter kommt auch wieder, garantiert."

„Ist sie denn weg?"

„Sie hat eben zu tun."

Jan warf seinem Freund einen verstohlenen Seitenblick zu. „Klar", murmelte er.

Sie schwiegen, nur das Wasser machte schöne Geräusche. Ein Blatt schwamm vorbei und kurz darauf ein toter Käfer. Friedlich und ein bisschen unheilvoll war es, fand Jan.

„Sei morgen pünktlich", sagte er, als sie schließlich wieder unter der Brücke hervorkrochen und er Josh die Arbeitsblätter gab. „Damit niemand sich fragen muss, ob bei dir alles stimmt."

„Bei mir stimmt alles." Josh tippte sich mit dem Finger an die Stirn und grinste.

„Sag ich ja."

Seinen geschnitzten Stock hielt Josh noch in der Hand. Auch das Messer. „Willst du es?", fragte er unschlüssig und reichte es Jan. „Schließlich gehört es uns beiden und ich glaube, ich habe für heute genug." Er zeigte auf die Schnittwunde an seiner Hand. „Außerdem soll dir niemand was tun."

Bald darauf steckten Messer und Scheide auch schon an Jans Gürtel.

„Wie ein Cowboy", freute sich Josh. Er blickte sich um, aber zum Glück war weit und breit niemand zu sehen. Nur Jan und Josh. Und die Birken und Buchen. Und der Bach und das Ufer mit den Steinen und Gräsern. Die Straße. Der Himmel. Warm strich der Wind über alles hinweg.

Jan holte sein Fahrrad aus dem Gebüsch und sagte: „Ruf an, wenn du was brauchst."

„Was soll ich brauchen? Der Kühlschrank ist voll."

21. Kapitel
Immer

In Jans Zimmer hing ein Babyfoto, auf dem er gerade mal ein paar Tage alt war. Nur dunklen Flaum hatte er auf dem Kopf. Und ganz große Augen. Neben ihm saß sein Stoffelefant. Auf dem Foto konnte man natürlich nichts von all der Aufregung sehen. Ungefähr zu der Zeit hatten sie gemerkt, dass mit Jan etwas war. Selbst Paulina erinnerte sich noch an diesen Tag. Auch wenn sie nicht dabei gewesen war, als Dr. Baumann das Herz abgehört und gesagt hatte: „Da ist ein Geräusch."

Paulina hatte im Kindergarten schon auf Mama gewartet, weil sie an diesem Tag ein Schaf beim Krippenspiel sein sollte. Aber Mama war nicht gekommen. Und Paulina hatte ein trauriges Schaf bei der Geburt vom Jesuskind an der Krippe gespielt.

Dr. Baumann hatte Mama mit Jan sofort im Krankenwagen in die Kinderklinik geschickt. Papa hatte sich, als Mama ihn angerufen hatte, gleich in sein Auto gesetzt und war wie ein Verrückter gefahren, hatte sich einfach an den Krankenwagen gehängt.

Sie hatten Jan ziemlich bald darauf operiert. Papa und Mama hatten ganz schön gebangt.

Es war um die Verbindung des Herzens zur Lunge gegangen. Sie hatten ihm was einsetzen müssen. Und irgendwelche Gefäße erweitert, damit er überhaupt genug Luft zum Atmen bekam. Eine Herzklappe hatte Jan auch bekommen, wo vorher keine war. Dabei brauchte er eine, damit das Herz richtig pumpen und arbeiten konnte und ein Teil von ihm nicht zu viel machte. Ob sein Herz diese Klappe aber überhaupt annahm und alles miteinander gut wuchs und zueinanderpasste, das hatte niemand gewusst. Wo auch der ganze Jan ja noch wuchs.

Es war ihnen wie ein Wunder erschienen, hatte Mama später gesagt. Und dass eine besondere Kraft in ihm war. Manchmal dachte Jan daran. Und es stand auch etwas darüber in seinem Heft. Obwohl es ihm zugleich ein bisschen unheimlich war und er sich Sorgen machte, dass die besondere Kraft in ihm wieder nachließ und es so viele Wunder, wie er vielleicht brauchte, nicht gab.

Jan holte sein Heft aus der Schublade und las die Notizen über sein Herz. Er legte die Hand auf die Brust, dorthin, wo sein Herz war. Bumm, bumm. Es schlug von allein. Schlug und schlug. Immer.

Jan fasste nach dem Messer, zog es aus der Scheide. Die Klinge war scharf. Sachte strich er damit über seine Hand. Josh wusste hoffentlich wieder, dass Jan wirklich sein Freund war. Für Jan stand das jedenfalls fest.

22. Kapitel
Das richtige Leben

„Jan!", rief Mama. „Es ist keine Butter mehr im Haus. Holst du uns welche? Mit dem Fahrrad bist du doch schnell."

Jan stöhnte. Aber er erbarmte sich. Bei der Gelegenheit könnte er vielleicht noch eine Weide zum Schnitzen holen, sagte er sich. Das Messer trug er ja bei sich.

„Was ist das?", fragte Mama, als sie es sah.

„Von Josh", sagte Jan. „Nur geliehen."

„Pass damit auf!“ Sie gab ihm Geld für die Butter. „Fahr nicht zu schnell. Und komm gleich zurück.“

Jan wollte sich schon beschweren. Aber dann hob er doch bloß die Hand. „Wird erledigt.“

Bald darauf saß er auf seinem Fahrrad und radelte los. Der Wind strich ihm durchs Haar. Hinter dem Wasserwerk standen die Weiden, dort musste er kurz mal vorbei. Er trat in die Pedale und fühlte sein Herz schneller schlagen, aber noch nicht zu schnell. Es durfte nicht rasen. Jan rutschte vom Sattel, schob vorsichtshalber ein Stück.

Da hörte er plötzlich Stimmen. Laute Musik aus einer Box. Auf einer Bank sah er sie sitzen: Aki, Phil, ein Mädchen, das er nicht kannte, einen Jungen mit wasserstoffblondem Haar und einen mit Punkfrisur, der öfter mit Aki und Phil unterwegs war.

Jan wollte gerade umkehren, doch Aki hatte ihn bereits entdeckt. „Wen sehen meine Adleraugen denn da?“ Er hielt eine Bierflasche in der Hand. „Hast du schon wieder die Hosen voll oder warum schiebst du dein Fahrrad spazieren?“

Die anderen lachten. Und der Wasserstoffblonde sprang von der Bank, war mit wenigen Schritten bei Jan. „Lass den Onkel mal gucken.“ Er bückte sich, aber Jan drehte sich schnell von ihm weg, stieg wieder auf, wollte weiter. Allerdings zitterten seine Knie und er rutschte ab.

„Warum so eilig?“, erkundigte sich Phil. Er kam langsam näher und blies Jan den Rauch seiner Zigarette direkt ins Gesicht. „Hier ist es doch nett, oder nicht?“

Der Rauch brannte Jan in Augen und Nase. Er musste husten.

Phil fasste nach seinem Kinn und zog es zu sich hin. „Ich warte auf Antwort.“ Er kam mit seinem Gesicht nah an Jans heran. „Oder redest du nicht mit mir?“

Jan wand sich aus seinem Griff. „Lass mich“, bat er leise. „Ich will nur vorbei.“ Er zerrte an seinem Lenker, wollte schieben, aber der Wasserstoffblonde hielt den Gepäckträger fest. Jans Knie waren wie Butter. „Nimm deine Finger da weg.“ Seine Stimme war fast nicht zu hören. Wenn wenigstens Josh in der Nähe gewesen wäre! Oder … Plötzlich fiel Jan das Messer ein, das er am Gürtel trug. Er musste es nur zücken und …

„Hey, hey!“, staunte Phil und hielt das Messer auch schon in der Hand. „Mit so einem Gerät spielt man doch nicht.“

Jan starrte auf das Messer, fühlte seinen Herzschlag bis in den Hals. Keine Spucke war mehr in seinem Mund.

Das Mädchen, das auf der Bank saß, rief jetzt: „Ach, der Arme! Lasst ihn doch!“ Sie lachte. „Sonst träumt er noch schlecht!“

„Wo hast du das her, Kleiner?“ Mit einer Kopfbewegung winkte Phil seinen Freund Aki zu sich heran.

„Guck mal, was der Hosenscheißer uns mitgebracht hat!“

Aki stieß einen Pfiff aus. „Er hat uns beklaut.“

„Ist nicht wahr“, widersprach Jan ihm heiser.

„Was wahr ist, entscheiden wir.“ Phil verpasste Jans Vorderrad einen Tritt. Mit dem Messer fuchtelte er vor Jans Nase herum. Wanderte langsam an Jans Kinn vorbei. An seinem Hals. Bis vor die Brust. Hier hielt er inne. Als wüsste er es. „Schon mal ein Messer zwischen den Rippen gehabt?“

Jan hielt die Luft an. Hoffentlich hörten sie nicht, wie schnell sein Herz ging. Jan konnte es nicht bremsen. Wenn es bloß nicht zu rasen anfing.

„Der Knirps “, seufzte das Mädchen, „hat in seinem Leben wahrscheinlich immer nur mit Kuscheltieren gespielt.“

„Wird Zeit, dass er mal das richtige Leben kennenlernt“, sagte Phil.

„Warum so ein Stress?“, rief der mit der Punkfrisur und warf eine leere Flasche über seine Schulter weg in die Büsche. „Ich dachte, wir haben Spaß?“ Er rülpste laut und deutete dann grinsend auf den Container, der nicht weit von der Bank entfernt unter einem Busch stand. „Entsorgen wir den Kleinen doch lieber!“

Die anderen guckten. Und lachten. Das Messer verschwand.

Aki nickte. „Warum eigentlich nicht?“

Phil schlug Jan auf die Schulter, als wären sie alte Kumpel. Sie fassten ihn bei den Armen, bei den Beinen und schwenkten ihn grölend. Dabei wehrte er sich. Klammerte sich mit beiden Händen fest an sein Lenkrad, bis sie ihn losrissen. Das Fahrrad fiel laut scheppernd hin. Jan trat um sich.

„Der heult gleich!", kreischte das Mädchen.

„Ich lach mich noch tot", amüsierte sich der Wasserstoffblonde.

„Fass lieber mit an!", zischte Phil.

Sie trugen Jan bis zum Container, schoben den Deckel weit auf. Es stank nach Müll und altem Kompost. „Platz genug!", freute sich Aki.

Schon plumpste Jan rein, stieß sich den Kopf. Dann ging der Deckel über ihm zu. Es war eklig und dunkel. Von außen trommelten sie gegen das Blech. Die Musik drehten sie extralaut auf.

Jan kauerte da, keine Träne kam hoch. „Lasst mich raus!", rief er nur. Aber niemand hörte ihn. Aki, Phil und die anderen blieben noch eine Weile, tranken und lachten, stritten zwischendurch auch und zogen irgendwann ab.

Jan fühlte Plastik und Dreck um sich. Laub. Er hielt die Luft an. Rappelte sich vorsichtig auf. Der Deckel über ihm war fest zu.

Jan stöhnte. Dann rief er laut: „Hallo!" Er trat gegen die Metallwand. Trommelte mit den Fäusten dagegen.

Jammerte. Keuchte. Stemmte und schob, bis der Deckel schließlich nachgab. Er bekam wieder Luft. Guckte gerade mit dem Kopf über den Rand des Containers. Weit und breit war niemand zu sehen.

An der Wand des Containers zog Jan sich hoch, stieß sich das Knie. Drei Anläufe brauchte er, bis er es endlich schaffte, sich aus dem Container zu befreien.

Wenigstens das Fahrrad lag immer noch da. Jan stieg auf und heulte erst los, als er weit genug weg war. Nachdem er sich beruhigt hatte, ging er in den Supermarkt und holte ein halbes Pfund Butter aus dem Kühlfach. Er zahlte und fuhr in einem weiten Bogen nach Hause.

23. Kapitel
Bruderherz

Jan saß dicht bei Amelie auf dem Sofa. „Los“, hatte sie gesagt, „rück ran, damit mir warm wird!“

Jan tat ihr den Gefallen. Er lehnte den Kopf an ihre Schulter und erlaubte ihr, mit der Hand über seinen Arm zu fahren, weil sie behauptete, das sei gut gegen die Nervosität.

Jan war nicht nervös. Im Gegensatz zu Amelie. Aber die hatte heute ja auch eine Verabredung mit ihrem

Liebsten. Er hieß Linus. Jan hatte ihn noch nie gesehen und war schon gespannt. Er hielt ganz still. Amelies Hand auf seinem Arm tat ihm gut. Dazu die Musik, die aus dem Fernseher kam, und die Verrenkungen, die die Band machte. Der Gitarrist schmiss seinen Kopf hin und her. Und die Sängerinnen schwangen ihre Hüften im Takt.

Erzählt hatte Jan erst mal nicht viel. Dabei hatte Mama schon in der Tür gestanden, als er die Straße heruntergekommen war. „Wo bist du so lange gewesen? Wir haben uns Sorgen gemacht."

Er war vom Fahrrad gestiegen und hatte Mama die Butter in die Hand gedrückt.

„Jan, wie siehst du aus?"

„Sie haben mich in einen Container gesteckt", hatte er gemurmelt und sich auf einmal so wacklig auf den Beinen gefühlt.

„Wie bitte? Was soll das heißen?"

„Da waren eben welche." Jan hatte gestammelt und plötzlich nicht mehr weitergekonnt. Er hatte nach Luft geschnappt und dann waren die Tränen gekommen.

„Wer war da? Jan! Was ist passiert?" Mama hatte ihn bei den Schultern gepackt und zu trösten versucht. „In den Container, sagst du?"

Jan hatte nur noch geheult.

„Und das Messer? Hast du es verloren?"

Jan hatte den Kopf geschüttelt und weitergeheult.

Bis Mama ihn in die Badewanne gesteckt hatte. „Haben sie dich bedroht?“, hatte sie gefragt, als er tief im Schaum saß. Alles war so behaglich gewesen und warm. Die Tränen waren geweint. „Nein“, hatte Jan daher bloß gesagt.

Mama hatte ihn abtauchen lassen. Und still daliegen. Und an die Decke gucken. Ganz lang.

Draußen vor der Badezimmertür hatte schließlich Amelie gestanden. „Bruderherz!“, hatte sie gesagt und ihn einfach bei der Hand gefasst, als wäre er ihr Verliebter.

Jan war froh, jetzt neben Amelie auf dem Sofa zu sitzen und gar nichts mehr sagen zu müssen. Nicht mehr an den Gestank im Container denken zu müssen, an die Dunkelheit und den Deckel, der erst mal nicht aufgegangen war. Auch nicht an Phil und das Messer, mit dem er herumgefuchtelt hatte.

Irgendwann kam Paulina mit Fritzi an. „Nimmst du ihn?“, bat sie. „Ich glaube, er braucht dich.“

„Hoffentlich nicht zum Pinkeln“, meinte Jan und grinste. Dann setzte er Fritzi auf seinen Arm, legte sein Gesicht an das flauschige Fell. Fritzi wollte klettern. Wie tollpatschig er war. Jan musste lachen, bis Fritzi sich schnurrend zusammenrollte und Jan dachte, dass es so ähnlich vielleicht später mal war. Nicht mit Amelie. Auch nicht mit Fritzi. Eines Tages hatte Jan ja vielleicht Kinder.

Jetzt war er selbst noch eins. Und als Papa kam, verschwand Mama gleich mit ihm in der Küche. Jan konnte sich schon denken, warum. Papa wurde informiert. Dabei hatte Jan doch alles gesagt. Hoffentlich fragte Papa ihn nicht weiter aus.

Aber der setzte sich einfach neben ihn, als das „Rätsel der Woche“ gerade angefangen hatte, und strich ihm übers Bein. „Warte nur, sie werden ihre Strafe schon kriegen.“ Dann seufzte er und kniff die Augen zusammen, starrte auf den Fernseher, in dem sie auf den Turm einer alten Kirche hinaufkletterten.

Jan wollte Papa fragen, wie die Kirche hieß. Weil aber gleich die Tränen kamen, ließ er es sein. Zum Glück hatte er keine Namen genannt. Jan wollte nur seine Ruhe. Und das Messer, das brauchte Jan auch wieder zurück. Weil es schließlich Josh gehörte. Und ihm.

24. Kapitel
Du musst mir glauben

Josh stand schon am Schultor, als Jan mit einem Pulk von Kindern aus dem Bus stieg und den kleinen Weg auf die Schule zulief. Auch Lara-Sofie war dabei, die ganz vorn gesessen und ihn nicht bemerkt hatte.

„Jan! Warte mal!“, rief sie jetzt.

Jan blieb stehen.

„Du … ich …“, stammelte sie und kaute auf ihrer Lippe. Ihre Sommersprossen fielen Jan auf. „Ja, also …“ Sie lächelte und man sah ihre schiefen Zähne.

„Sie braucht deine Hilfe noch mal“, sprang ihre Freundin Melina schnell für sie ein. „Wegen Mathe.“

„Ist schon klar“, murmelte Jan.

Und Lara-Sofie seufzte nur: „Du bist meine Rettung.“

„Aber ich werde bald operiert.“ Jan zuckte mit den Achseln.

„Dann komme ich vielleicht heute. Oder morgen. Wenn das bei dir geht.“ Lara-Sofie lächelte wieder und brachte Jan ganz durcheinander damit. „Sagen wir um drei? Ich würde ja auch deine Katzen gern noch mal sehen.“

„Na gut“, murmelte Jan. Dann ging er weiter.

„Da w-w-will wohl eine was v-v-v-von dir“, empfing Josh ihn gleich.

Jan überhörte den Satz. „Ist deine Mutter zurück?“, fragte er nur.

„Pff“, machte Josh und lief ihm voraus. „Aber wenn es dich interessiert“, sagte er, „ich hab alles, was ich brauche. Und weil du gesagt hast, ich soll pünktlich sein, bin ich es auch.“

Sie mischten sich in das Gedränge auf dem Schulhof.

„Also warst du allein?“

„Manchmal geht es eben nicht anders.“

„Kannst du nicht wenigstens deine Oma anrufen?“

„Kann ich. Aber dann r-regt sie sich gleich wieder auf.“

„Und gibt’s da sonst jemanden, zu dem du gehen kannst, einen Onkel oder so?“

„Was für einen Onkel?“

Die Schulglocke ertönte.

„Sie kommt ja wieder. Sobald sie kann.“ Josh wühlte in seiner Hosentasche und zog zwei Lakritzschnecken hervor. „Und eingekauft ist auch.“ Er hielt Jan eine Schnecke hin und schob sich die andere in den Mund.

Kurz darauf kauten sie beide. Dabei hatte Jan gerade erst gefrühstückt und mochte Lakritzschnecken eigentlich nicht. Nein sagen wollte er jetzt aber lieber nicht. Auch weil er noch etwas loswerden musste.

Sie waren schon fast bei der Treppe, als Jan endlich hervorstieß: „Es ist wegen dem Messer. Aber du musst mir glauben: Ich konnte nichts machen, sie waren zu fünft.“

„Was sagst du da?“

Jan brauchte eine ganze Weile, bis er herausgebracht hatte, was wichtig war. Laut musste er es sagen, weil so viel Krach um sie herum war. Nie im Leben hätte er das Messer freiwillig herausgerückt, erklärte er Josh. „Ich hoffe, das weißt du.“

Josh nickte. „Und ob ich das weiß.“ Sein Blick verfinsterte sich.

Jan gefiel das nicht, denn er ahnte, was hinter Joshs Stirn vor sich ging. „Denk nicht mehr dran", sagte Jan, als sie nebeneinander die Treppe hochliefen. „Das Messer ist scharf. Und sie sind meistens zu zweit und außerdem größer als wir."

„Du", sagte Josh nur, „hältst dich jetzt besser raus. Du hast im Moment doch wohl Wichtigeres zu tun. Und noch mal in den Container stecken werden sie dich nicht. Das verspreche ich dir."

25. Kapitel
Was ist denn mit ihm?

Jan war froh, dass Josh ihm glaubte, auch wenn sich die Unruhe den ganzen Vormittag über nicht abschütteln ließ. Und die betraf nicht bloß seine Operation und Lara-Sofie, die in der Pause noch mal zu ihm gekommen war und gesagt hatte: „Ich hab völlig vergessen, dass ich um fünf zum Tanzen muss. Geht's auch morgen?"

Jan hatte kurz überlegt und dann genickt. Vielleicht wurde er heute Nachmittag sowieso noch woanders gebraucht. Wenn nur Joshs Mutter bald zurückkam!

„So wichtig ist das Messer doch nicht", flüsterte er seinem Freund leise zu, als der während des Unterrichts zum Fenster hinaussah. Der Blick, den Josh ihm darauf zuwarf, sagte genug. Hoffentlich brachte er sich selbst nicht in Gefahr.

Jan beschloss, Josh gleich nach der Schule mit zu sich nach Hause zu nehmen. Aber als er ihn fragen wollte, war Josh nicht mehr da, weil er es am Ende der letzten Stunde wohl dreimal so eilig gehabt hatte wie sonst. Jan wollte ihm nach. Da stand Lara-Sofie plötzlich vor ihm und sagte: „Ich hole mir ein Eis und wenn du willst, hole ich dir auch eins."

Jan starrte sie an. „Du meinst …"

„Ich lade dich ein." Lara-Sofie trat von einem Fuß auf den anderen.

Jan kratzte sich am Kopf, dann am Arm. Von Josh war längst nichts mehr zu sehen. Vielleicht ging er erst mal zu sich nach Hause, weil er hoffte, dass seine Mutter inzwischen wieder aufgetaucht war. Von wegen geheime Mission. Jan war ja nicht blöd. Genauso wenig wie Josh. Seine Mutter war eben weg und kam irgendwann zurück. Manchmal kam sie dann nicht allein, sondern brachte noch jemanden mit. Den liebte sie. Sagte sie. Josh glaubte nicht daran und meistens behielt er auch recht, denn spätestens nach ein paar Tagen war er mit seiner Mutter wieder allein.

„Er ist weg", seufzte Jan.

„Wer?", fragte Lara-Sofie. „Josh?"

„Wer sonst?"

„Und deshalb magst du kein Eis?" Lara-Sofie klang enttäuscht.

„Doch", sagte Jan. Er nahm seine Tasche. Wenn er nur eine Kugel aß, holte er Josh bestimmt noch ein. „Eis esse ich immer."

Ein Lächeln huschte über ihr Gesicht. Ob ihre Sommersprossen jemals schon gezählt worden waren, fragte sich Jan und hatte irgendwie Lust, es zu tun.

Sie liefen nebeneinander die Treppe hinunter, auf die Straße hinaus und Jan hielt noch mal Ausschau nach Josh.

„Was ist denn mit ihm?", fragte Lara-Sofie.

„Darüber kann ich nicht reden", murmelte Jan. „Ich hoffe nur, er macht keine Dummheiten."

„Dummheiten?", fragte plötzlich jemand hinter ihnen. „Wer macht hier Dummheiten?"

Jan wusste, ohne sich umzudrehen, dass es nur Lasse sein konnte, der ihnen gefolgt war. „Du vielleicht", sagte Jan.

„Wieso ich?"

Lasse verstand wieder mal nichts. Aber weil Lara-Sofie dabei war, hielt er sich mit seinen Sprüchen zurück. „Dann noch viel Spaß", murmelte er, bevor er an der nächsten Ecke abbog.

Jan ließ sich nicht ärgern. Bald war er ungefähr drei Wochen weg. Und wenn er wiederkam, fing alles neu an.

Also aß Jan ein Eis mit Lara-Sofie.

„Damit du nicht denkst, ich wäre nur wegen Mathe nett zu dir“, sagte sie.

Jan warf einen Blick über seine Schulter auf die Straße zurück. Hoffentlich liefen Aki und Phil Josh nicht über den Weg. Jan wusste, wie Josh ausrasten konnte, wenn er wütend auf jemanden war. Und auf Aki und Phil war Josh wütend. Seit gestern erst recht. Dabei war er doch schwächer als sie. Und das Messer rückten sie bestimmt nicht freiwillig raus.

Jan leckte hastig an seinem Eis. Fast wünschte er, Josh hätte das Messer erst gar nicht aus dem Bach gefischt.

„Ich sterbe für Zitroneneis“, seufzte Lara-Sofie und hielt dann inne. Sie stieß Jan von der Seite an. „Siehst du auch, was ich sehe?“

Jan fühlte einen Stich in der Brust. Die Rattenfrau kam die Straße herunter. Sie steuerte direkt auf sie zu.

„Will sie etwas von uns?“, fragte Lara-Sofie.

Jan leckte in doppelter Geschwindigkeit weiter und merkte, wie sein Herz ganz schnell zu schlagen anfing und sein Atem kurz wurde. Obwohl er ruhig dastand und Stehen normalerweise kein bisschen anstrengend war. „Sie ist eben verrückt“, murmelte er. „Das weiß doch jeder. Und sie sucht nur nach einem Grund, damit sie wieder loswettern kann. Komm!“ Er fasste nach Lara-Sofies Arm und zog sie mit sich um die Ecke.

„Jan!“ Lara-Sofie leckte nicht weiter an ihrem Eis, auch wenn sie längst in einem Hinterhof standen, in den die Rattenfrau ihnen nicht gefolgt war. Bloß Mülltonnen und Fahrräder waren zu sehen. Efeubewachsene Mauern. „Jan!“

In seiner Brust trommelte es. Er biss von der Eiswaffel rundherum etwas ab. Kaute.

„Jan!“ Lara-Sofies Hand lag plötzlich auf seinem Arm. Sie sah ihn an und ihre Stimme klang anders als sonst. „Du hast ja Angst.“

26. Kapitel
Keine Experimente

Lara-Sofie hatte Jan bis nach Hause gebracht. „Allein lasse ich dich nicht gehen!“, hatte sie gesagt, weil sein Herz auch nicht gleich zu rasen aufgehört hatte. An seinem Gesicht hatte sie es gemerkt. „Ob du willst oder nicht.“

Jetzt brachte Mama Lara-Sofie mit dem Auto nach Hause. Sie war zum Mittagessen geblieben und Mama hatte sich bei ihr bedankt.

„War doch nichts dabei“, hatte sie lächelnd erklärt.

Joshs Hilfe wäre Jan natürlich lieber gewesen. Aber Josh war ja nicht da. Und nur zu gern hätte Jan sich sofort auf den Weg gemacht, um nach ihm zu suchen. Diese Blässe um die Nase, die Mama gleich aufgefallen war, hatte ihm jedoch einen Strich durch die Rechnung gemacht.

„Bitte, Jan", hatte sie bloß gesagt. „Keine Experimente. Für heute ist Ruhe angesagt. Du wirst bald operiert."

Das wusste er selbst. Aber was war inzwischen mit seinem Freund?

Unruhig lief Jan durchs Haus, landete schließlich beim Katzenlager und nahm Norina zwischen den anderen heraus. Er setzte sie auf seinen Arm, ließ zu, dass sie ihren Kopf an seiner Brust rieb. Jan trug sie bis in sein Zimmer, krabbelte auf sein Bett und streckte sich darauf aus. Fühlte die kleinen Pfoten von Norina auf sich. Der ganze kleine Körper war so schön weich. Und das Schnurren klang hell.

Trotzdem klopfte etwas unter seiner Brust, klopfte und klopfte und hörte nicht auf.

Zweimal hatte Jan schon vergeblich Joshs Nummer gewählt.

Aber niemand nahm ab. Jan biss so fest auf seine Lippe, dass es wehtat.

Als die Tür aufging und Mamas Kopf erschien, richtete er sich wieder auf. „Alles in Ordnung?“, fragte sie.

„Alles in Ordnung.“

„Mach dir keine Sorgen.“ Ihr Lächeln kannte er bereits. „Du musst dich schonen! Versprich es! Ich muss schnell noch mal los. Paulina vom Hip-Hop-Tanz abholen.“

Jan hob seine Hand zum Zeichen, dass er verstanden hatte. Dann ging die Tür zu. Jan hörte, wie Mama die Treppe hinunterlief und wenig später die Autotür draußen zuschlug. Der Motor dröhnte. Jan lauschte. Josh, dachte er und brachte Norina zu Fanni und den anderen zurück. Er schlich die Treppe hinunter, obwohl außer ihm niemand im Haus war.

Jan fühlte seinen Herzschlag bis in den Hals, als er die Regenjacke vom Haken zog. Er konnte nicht anders. Das musste Mama verstehen.

27. Kapitel
Glaubst du mir?

Jan zwang sich, mit halber Kraft in die Pedale zu treten. Sein Blick streifte über die Gräser und Bäume. Dann über den hügeligen Asphalt und dorthin, wo die Straße eine Biegung machte. Wo das Staubecken kam.

Nicht an Aki und Phil denken und an den Container, in den sie ihn gestern gesteckt hatten, sagte er sich. Der Gestank von Müll und Kompost war sofort wieder da.

Jan atmete so tief, wie er kam. Nur nicht zu tief. Als die Straße ein Stück anstieg, rutschte er vom Sattel. Einatmen. Ausatmen.

Jan sah sich nicht um. Weil Mama bestimmt schon bald zurückkam. Das Fahren fühlte sich seltsam an. Jetzt, wo er es eilig hatte, machte der Brustkorb nicht mit. Als wäre er kleiner geworden. Eingelaufen. Oder als hätte jemand seine Rippenbögen zusammengezogen und mit ein paar Schrauben fixiert.

Kurz hinter dem Staubecken legte er eine Pause ein. Setzte sich an den Straßenrand. Warum konnte es bei ihm nicht so sein wie bei anderen auch? Manchmal fragte er sich das. Und er fand es ungerecht, dass er unter diesen 7,6 Milliarden Menschen, die auf der Welt lebten, einer war, bei dem nicht alles nach Plan lief. Sein Herz war anders gewachsen. Warum aber seins, wo es so viele Herzen gab, die ganz normal schlugen, zum Beispiel auch die von Aki und Phil?

Jan schob ein Stück Rinde der Kastanie, unter der er saß, in seine Hosentasche und rappelte sich wieder auf.

Josh brauchte ihn jetzt, auch wenn Mama besorgt um ihn war. Jan hörte zum Glück nichts davon, solange er unterwegs war. Josh bekam es allein vielleicht nicht mehr gut hin und war ziemlich wütend auf Aki und Phil. Bei Schwächeren fühlten sie sich stark und waren gemein. Josh war anders. Josh war Josh und manchmal schon wie ein Bruder für ihn.

Jan stieg wieder auf, da sah er von Weitem einen roten, etwas verschwommenen Punkt, der näher kam und zu einem T-Shirt gehörte, das Joshs sein musste. Nun erkannte Jan auch die Hose und den Gang, der immer ein bisschen schwerfällig war.

Josh winkte. Und Jan vergaß die Enge in seiner Brust. Denn etwas war mit Joshs Winken. In Windeseile legte er das letzte Stück Weg auf seinem Fahrrad zurück und bemerkte, als er keuchend abstieg, auf Joshs Hose dunkle Flecken, die aussahen wie Blut.

„I-I-Ich war das nicht“, stammelte Josh. „H-Hörst du? Ich nicht.“

„Was?“ Jan wurde schwindelig vor den Augen und er hielt sich am Lenkrad fest.

„G-G-Glaubst du mir?“ Joshs Gesicht war ganz rot und verschwitzt. „D-D-D-D-Die Rattenfrau.“ Er zog das Messer hervor. „Sie stand plötzlich da und sagte: ‚D-D-Du bezahlst es m-m-mit dem Leben.' U-U-Und dann fuchtelte sie mit dem M-Messer. Aber sie blutete schon. I-Ich hab's ihr a-abgenommen." Alle Luft wich jetzt aus ihm.

„Und dann?" Jan stand völlig still.

„Bin ich gelaufen." Josh atmete ein. „Zu dir. B-Bis ich nicht mehr konnte."

„Und die Rattenfrau?", fragte Jan weiter. Seine Knie gehorchten ihm plötzlich nicht ganz.

Josh wandte den Blick ab.

„Also war sie verletzt?" Jan wollte die Antwort vielleicht gar nicht wissen. Was hatten sie denn auch mit der Rattenfrau zu tun, die sowieso immer nur alle beschimpfte?

„G-Glaubst du mir?", fragte Josh noch mal. Sein Blick traf den von Jan. Dunkelblau waren seine Augen. Wie ein See.

„Ich glaube dir." Jan sagte das ruhig. Auch wenn seine Knie nicht aufhörten zu zittern. „Weißt du, was ich denke?" Josh sah ihn unsicher an, obwohl er bestimmt ahnte, was kam. Denn schließlich wussten sie beide, in wessen Händen das Messer zuletzt gewesen war. „Das waren Aki und Phil."

„Sie h-h-hat sich auf die B-Bank gesetzt", fuhr Josh fort. „Ich bin weg, aber es k-k-kamen ein paar K-K-Kinder aus der Siedlung v-v-v-vorbei."

„Haben sie dich gesehen?“ Heiß und kalt durchfuhr Jan der Schreck.

Josh zögerte mit seiner Antwort. „Haben sie“, hauchte er.

„Verdammt, dann werden sie sagen, dass du die Rattenfrau verletzt hast.“

„A-Aber ich war's nicht.“

„Ich weiß.“ Jan dachte kurz nach und schlug Josh schließlich vor, noch mal zusammen hinzugehen. Sehen, was los war. Vielleicht war alles gar nicht so schlimm.

„I-Ich gehe nicht“, sagte Josh nur. „I-Ich weiß sowieso, w-w-was passiert.“ Plötzlich füllten sich seine Augen mit Tränen. „Und meine Mutter ist immer noch nicht zurück.“ Die Tränen liefen ihm übers Gesicht.

„Hey“, murmelte Jan und strich Josh mit der Hand über den Arm. „Wir kriegen das hin.“

„Wie denn?“ Noch nie hatte Jan Josh weinen gesehen.

„Lass uns erst mal zu mir gehen. Dann sehen wir weiter.“ Jan lenkte sein Fahrrad um und schob Josh sanft an. „Los“, sagte er. „Bevor wir hier festwachsen. Uns fällt schon was ein.“

28. Kapitel
Verflixt

Mama stand draußen am Tor, als sie kamen. „Ich dachte, ich kann mich auf dich verlassen“, sagte sie. „Weißt du denn nicht, worum es für dich geht?“

Jan fühlte sich klein neben Josh, der mit tränenverschmiertem Gesicht dastand und schwieg. „Doch“, murmelte Jan, „ich weiß es.“ Er senkte den Blick, weil er Mama nicht erklären konnte, in welcher Zwickmühle er war. „Ist eben ein Notfall“, sagte er und schob das Fahrrad vorsichtig an ihr vorbei.

„Jan, verdammt. Du bist ein Notfall. Alles andere zählt im Augenblick nicht.“

Jan merkte die Enge in sich. „Nein“, sagte er und warf Josh einen Seitenblick zu. „Nicht nur ich.“

Zum Glück steckte Paulina in diesem Augenblick den Kopf aus dem Fenster und rief Mama zu: „Mach doch nicht so einen Aufstand! Vielleicht hörst du dir erst mal an, was passiert ist.“

„Vielleicht, vielleicht“, platzte es aus Mama heraus. „Jan steht eine schwere Operation bevor. Er verträgt so viel Aufregung jetzt nicht.“

„I-I-I-Ich kann auch wieder gehen“, murmelte Josh. „D-Die Not ist ja v-v-v-vielleicht schon vorbei.“

„Nein“, sagte Jan. „Bitte bleib hier.“ Er hielt Josh am Arm fest.

„Also gut.“ Mama riss sich zusammen. „Kommt erst mal rein. Was ist passiert?“

Jan brachte sein Fahrrad in den Schuppen und warf Josh einen Blick zu, den der hoffentlich auch verstand. Mit Mama war jetzt nicht zu reden.

„Hast du Kekse für uns?“, fragte Jan nur, als sie drinnen waren. Etwas Besseres fiel ihm nicht ein. „Es ist wirklich verzwickt.“ Er streifte seine Schuhe im Flur ab und nickte bloß, als Mama sagte: „Wir reden später noch.“

Sie verschwand in der Küche und kam tatsächlich mit Keksen und zwei Gläsern Limo zurück.

Jan war erleichtert. „Danke", murmelte er und verschwand mit Josh hoch in sein Zimmer. Beide setzten sie sich auf sein Bett.

„Deine Mutter macht sich Sorgen um dich."

„Deine sicher auch."

Sie tranken die Limo in einem Zug aus.

„Bestimmt ist jetzt sowieso alles zu spät", sagte Josh.

„Ist es nicht", erwiderte Jan. „Wenn wir nur schon wüssten, was mit der Rattenfrau ist."

„Vielleicht ist sie tot." Josh seufzte.

„Quatsch."

„Kein Quatsch." Es klang, als würde Josh jeden Moment wieder anfangen zu heulen.

„Vielleicht ist es gar nicht so schlimm, wie es ausgesehen hat."

„Aber vielleicht ja doch."

Sie aßen die Kekse.

„Meine Mutter lässt mich heute garantiert nicht mehr weg, um mal zu gucken, ob die Rattenfrau noch auf der Bank sitzt. Ich kann aber Paulina fragen."

„Bloß nicht!", wehrte Josh entsetzt ab.

Als das Telefon klingelte, schlichen sie beide zur Tür und lauschten. Aber der Anruf hatte nur etwas mit Mamas Arbeit zu tun. „Ja", sagte sie. „Lassen Sie uns das morgen durchgehen. Danach habe ich Urlaub."

Urlaub. Jan lief ein Schauer über den Rücken und plötzlich war die Angst wieder da. Dass alles anders sein würde. Schon wegen Josh. Weil ihm vielleicht niemand glaubte. Und weil er allein zu Hause war und seine Mutter nicht für ihn da war. Dabei war Josh schlau und ganz sicher keiner, der mit einem Messer auf andere losging. Das machten doch höchstens Aki und Phil.

„Wir müssen etwas tun", sagte Jan. Und die Einzige, die ihm einfiel und von der er glaubte, dass man auf sie zählen konnte, war Lara-Sofie. Er lief nach unten und holte das Telefon.

29. Kapitel
Wieder da

Zum Glück war Lara-Sofie gleich am Apparat, als Jan sie anrief. „Hör zu", sagte er, „können wir auf dich zählen, Josh und ich?"

„Klar, worum geht's?"

Jan merkte, dass keine Spucke mehr in seinem Mund war. „Es ist ernst. Verstehst du?"

Am anderen Ende blieb es einen Augenblick still. „Sag", hörte er Lara-Sofie schließlich mit veränderter Stimme. „Was soll ich tun?"

Jan erklärte es kurz und fragte dann: „Kommst du später vorbei?"

Lara-Sofie versprach es ihm.

Jan drückte sie weg und atmete durch. Dann wählte er noch eine andere Nummer. Nur, um mal zu sehen.

„Hallo!", meldete sich jetzt tatsächlich jemand.

Jan blieb das Herz beinahe stehen. Also war sie wieder da. Er erkannte ihre Stimme sofort. Aber er war so überrascht, dass er einfach auflegte.

Auch ohne das Telefon am Ohr hatte Josh die Stimme gehört. Er saß da und sah Jan mit großen Augen an. „Hab ich's doch gewusst."

30. Kapitel
Scheißkerle

Immer wieder lief Jan zum Fenster. Noch war nichts von Lara-Sofie zu sehen, die herauszufinden versuchte, was genau passiert war. Das brauchte ja Zeit.

Jan lief vom Fenster zum Tisch, dann in den Flur, wo die kleinen Katzen miteinander balgten. Peppina kletterte über die anderen hinweg, biss sanft irgendwo zu. Manchmal ging Fanni auch dazwischen. Wie anders sie geworden war. Irgendwie erwachsen, fand Jan. Eben eine Mutter, die genug damit zu tun hatte, ihre Kleinen zu versorgen und aufzupassen, dass ihnen bloß nichts geschah.

Jan stieß sich den Kopf, als er sich aufrichtete. Er ging in sein Zimmer zurück, wo Josh immer noch saß und vor sich hin grübelte. „Wetten“, sagte er, „dass meine Mutter froh ist, wenn sie mich los ist?“

Jan starrte seinen Freund an. „Wie kommst du denn darauf?“ So sprach Josh sonst nie. „Immerhin ist sie wieder da.“

„Immerhin.“ Mehr sagte Josh nicht.

Und Jan war sich ja selbst nicht ganz sicher. Schließlich hatte Joshs Mutter ihm einfach nicht gesagt, wo sie war. Und wann sie wiederkam.

Jan ging zum Fenster, sah auf die Straße hinaus. Wenn nur Lara-Sofie bald zurück war und gute Nachrichten mitbrachte! Hoffentlich war die Sache mit der Rattenfrau und dem Messer glimpflich verlaufen und alles war gut. Jan wurde bald operiert und Josh hatte genug Probleme am Hals. Sein Freund konnte nichts weniger gebrauchen, als dass man ihn jetzt auch noch verdächtigte, eine Verrückte mit einem Messer angegriffen zu haben. „Eines Tages, wenn ich wieder fit bin“, stieß Jan hervor, „rächen wir uns.“

„An Aki und Phil?“

„An wem denn sonst?“ Jan lief auf und ab, hielt plötzlich inne. „Gib mir das Messer“, bat er. „Wir waschen es sauber. Alles wird gut.“

Josh zögerte, rückte es dann aber heraus.

Blitzschnell verschwand Jan damit im Bad, ließ warmes Wasser über die Klinge laufen. Rot floss es ab. Jan biss die Zähne zusammen. Nur nicht an die Rattenfrau denken. Er drehte den Wasserhahn zu, sauste zurück in sein Zimmer. „Ich behalte es hier“, murmelte er und schob es in eine seiner Krimskramskisten. Sicherheitshalber.

Wenn bloß Lara-Sofie bald zurück war!

Als Lara-Sofie nach einer halben Ewigkeit weit hinten zwischen den Bäumen auftauchte, sah Jan sie gleich. Sie winkte nicht und hatte es nicht besonders eilig. Den Kopf hielt sie gesenkt.

„Da!“, keuchte Josh auch schon hinter ihm. „Lara-Sofie.“ Er kniff Jan in den Arm, schien es aber nicht mal zu merken. Sein Atem ging schnell, während sie so dastanden und warteten, bis Lara-Sofie endlich bei ihnen war.

„Und?“, fragte Jan, als sie die Zimmertür hinter sich geschlossen hatten. Einen Augenblick keimte Hoffnung in ihm auf, während Josh dabeistand und nichts sagte. Anscheinend ahnte er bereits, was kam.

„Sie haben die Rattenfrau mit dem Krankenwagen abgeholt, weil sie voller Blut war“, sagte Lara-Sofie leise. „Keiner weiß, was mit ihr ist. Alle sagen, dass du es gewesen sein musst.“ Sie sah Josh an. „Aber ich glaube das nicht.“

Josh schluckte. Kein Wort kam über seine Lippen.

Jan sank auf die Bettkante zurück. „Natürlich war Josh es nicht", sagte er. „Diese Scheißkerle. Was machen wir bloß?"

„Welche Scheißkerle?", fragte Lara-Sofie.

Jan zögerte. Aber weil Josh immer noch stumm dastand, erzählte er von Aki und Phil und wie gemein sie waren: vom Bach und vom Messer und schließlich auch vom Container, in den sie ihn hineingesteckt hatten.

„Obwohl Jan bald operiert wird." Das war alles, was Josh sagte. Dann war er wieder still.

Lara-Sofie setzte sich auf Jans Bett. Sie blickte von Josh zu Jan und zurück, spielte nervös mit einer Haarsträhne, hörte zu, stellte Fragen. „Und wenn wir einfach sagen, dass Josh es nicht war?"

„Wer glaubt uns denn schon?" Jan war froh, dass Lara-Sofie gekommen war und auch nicht gleich wieder ging.

„Na, unsere Eltern zum Beispiel und der Rau und …"

„Ich geh jetzt mal nach Haus", sagte Josh plötzlich und bewegte sich schwerfällig zur Tür. „Macht euch keine Sorgen."

„Aber wenn dich jemand sieht?"

„Mich sieht sch-schon keiner."

„Josh!" Jan wollte ihn festhalten, doch Josh wand sich aus seinem Griff. Er rannte aus dem Zimmer und die Treppe hinunter, Jan hinterher.

Unten im Flur erschien Jans Mutter. „Habt ihr alles in Ordnung gebracht?“

„Meine Mutter wartet“, entgegnete Josh hastig.

„Josh!“, versuchte Jan es noch mal. Er merkte das Brennen in seinen Augen. Josh ließ sich nicht aufhalten. „Kann Lara-Sofie nicht wenigstens ein Stück mit dir gehen? Oder ich?“

„Nein!“, erklärte Mama entschieden. „Das kommt gar nicht infrage!“

„Bis später.“ Josh zog die Haustür hinter sich zu. Im nächsten Moment ging sie noch mal auf und er murmelte: „U-Und denk dran, was du versprochen hast: Es dauert nicht lang. Und dann kommst du wieder.“ Eilig machte er sich davon.

31. Kapitel
Verrat mich nicht

Als Papa am Abend nach Hause kam und vom Angriff auf die Rattenfrau erzählte, schrak Jan zusammen. Dabei hatte er die ganze Zeit an nichts anderes gedacht. An Josh und das Blut an seiner Hose, an seine Traurigkeit und die Stimme von seiner Mutter am Telefon. Ausgerechnet heute war sie gekommen. Ob Josh wartete, bis er sich unbemerkt ins Haus schleichen konnte?

Oder ob er direkt zu ihr gegangen war? Und wenn ihn jemand sah? Führten sie ihn dann ab?

Jan stellte sich Fragen. So viele, auf die er keine Antworten fand. Als auch Lara-Sofie sich verabschiedet hatte, war er gleich in sein Zimmer gerannt. Und dann wieder hinaus. Er hielt es fast nicht mehr aus. Hatte schon ein paarmal Joshs Nummer gewählt und sofort aufgelegt, weil er sich nicht traute.

Irgendwann rannte Jan nach unten. Er wollte Genaueres wissen, stand schließlich vor Papa und fragte: „Sterben muss sie aber nicht, oder?" Seine Stimme zitterte dabei. Alles in ihm zog sich zusammen und er brach in Tränen aus.

„Wer? Was ist los?", wollte Papa wissen. „Da stimmt doch was nicht!"

Jan heulte und heulte. Die Tränen liefen nur so aus ihm heraus.

Mama bekam ihn zu fassen, drückte ihn neben sich auf den Stuhl in der Küche. „Erzähl!", sagte sie und vergaß die Suppe, die auf dem Herd stand.

Papa stellte die Herdplatte klein, als alles erzählt war. Jedenfalls das mit Josh und dem Blut an seiner Hose. Und dass Josh von ein paar Kindern gesehen worden war. „Aber er war es nicht. Todsicher."

„Er war es nicht", sagte Mama leise. Wechselte einen Blick mit Papa, der gegen den Schrank gelehnt stand und schwieg.

„Dein Freund Josh steckt in der Klemme“, sagte er schließlich. „Weiß seine Mutter überhaupt schon Bescheid?“

„Ja“, stammelte Jan, „das heißt nein.“

„Also rufen wir sie gleich an.“

„Ja, ja.“ Jan schluckte. Am liebsten hätte er Papa zurückgehalten, als der das Telefon von der Station nahm. Vielleicht wollte Joshs Mutter von ihrem Sohn dann nichts mehr wissen? Oder vielleicht war Josh von hier losgegangen, ohne zu wissen, wohin …

Papa merkte offenbar, dass Jan nicht wohl bei der Sache war. „Jan! Du verschweigst uns noch was!“

„Quatsch.“ Jan holte Luft. Aber die Luft wollte nicht in ihn hinein. Und in seinem Bauch saß etwas, das sich anfühlte wie ein Stein.

„Jan!“ Mama kam mit ihrem Gesicht nah an seins heran, guckte ihn an. „Komm!“ Sie schob ihn durch den Flur bis zum Wohnzimmersofa, wo er sich hinlegen sollte. Dabei war er doch nicht krank.

„Mama!“ Er setzte sich wieder auf. Ohne darüber nachzudenken, erzählte er auch von Joshs Mutter und ihrem Verschwinden und der geheimen Mission und dass es nicht zum ersten Mal war. „Verstehst du? Josh hat Übung darin. Er kommt damit klar.“

Mama schien für einen Moment selbst Jan und sein Herz und die bevorstehende Operation zu vergessen. „Was sagst du da?“

Jan wiederholte das Wichtigste und sank dann in die Kissen zurück. Fing erneut an zu heulen, weil er erleichtert war, dass endlich alles raus war. Zugleich hatte er aber auch Angst, dass er es nur noch schlimmer gemacht hatte.

„Ist ja schon gut“, murmelte Mama und natürlich kamen Amelie und Paulina an, was Jan gar nicht so recht war. Sie mussten ihre Nase auch nicht überall hineinstecken. Selbst wenn sie nett zu ihm waren. Paulina holte gleich eine Decke.

Papa telefonierte bereits. Jan hörte nicht hin. Er wollte nicht, dass Josh noch größere Schwierigkeiten bekam. Und seine Mutter? Vielleicht holten sie Josh ganz weg, jetzt, wo sie wussten, dass sie ihn allein ließ. Hätte er doch nur nichts davon gesagt!

Als Papa aufgelegt hatte und sagte: „Keine Angst, wir kümmern uns darum“, beruhigte Jan sich ein bisschen. Auch wenn Josh tatsächlich nicht zu Hause aufgetaucht war, wie Papa erklärte, und keiner wusste, wo er steckte und was mit ihm war.

Immer mal wieder lief Jan zum Fenster, ging sogar zur Tür, nachdem Papa sich auf den Weg gemacht hatte, um nach Josh zu suchen. Jan nahm auch das Telefon in die Hand und prüfte regelmäßig, ob es überhaupt funktionierte.

„Sie finden ihn. Und dann wird sich schon alles klären“, sagte Amelie, als sie ihn am Fenster stehen sah.

Es wurde dunkel und Jan fing an zu frieren. Er suchte nach seiner Jacke. Die Beine wurden ihm schwer. Selbst die Gedanken. Dabei konnte er jetzt unmöglich einfach ins Bett.

„Du hast ja ganz blaue Lippen", sagte Paulina.

Natürlich kam Mama gleich an. „Bitte", sagte sie. „Noch länger aufzubleiben hat doch keinen Sinn."

Jan trottete ins Bad, putzte die Zähne, hielt zwischendurch still. Hatte er da nicht ein Motorengeräusch gehört?

Er spuckte die Zahnpasta aus. Jan schlich durch den Flur an den kleinen Katzen vorbei und lag schließlich in seinem Bett. Obwohl Josh irgendwo draußen durch die Dunkelheit lief und vielleicht niemanden hatte. Nicht einmal Jan, der immer dann ausfiel, wenn man ihn brauchte. Auch wenn es gerade das war, was Josh verstand. Wäre Jan nur gesund. Bestimmt säße er längst auf der Fensterbank, bei geöffnetem Fenster. Jan hatte sich schon oft ausgemalt, wie er sich an einem Betttuch heimlich abseilen würde, mit einem Sprung in die Beete und …

Auf einmal hörte er was. Es kam von draußen. Klackste leise. Jan hielt die Luft an. Sein Herz trommelte wild. Träumte er oder war da unter seinem Fenster jemand?

Lautlos schob Jan seine Bettdecke zurück. Schlich im Dunkeln zum Fenster und spähte hinaus. Der Mond stieg gerade hinter den Zweigen des Kirschbaums auf. Gelb und groß und schon nicht mehr ganz rund warf er sein Licht bis auf die Bank, auf der niemand saß.

Alles war still. Jans Augen wanderten durch die Dunkelheit. Über die Gemüsebeete, die man von seinem Fenster aus sah. Da war doch etwas!

Jan bewegte sich nicht. Und plötzlich sah er, wie jemand durch den Garten huschte und im selben Augenblick auch schon wieder im Schutz der Dunkelheit verschwand. Aber dann: Josh! Es war Josh, der jetzt vorsichtig hinter dem Schuppen hervortrat. Eilig schlich er näher. Anscheinend hatte er Jan im dunklen Fenster gesehen.

Jan riss das Fenster auf. „Josh!", flüsterte er. „Sie suchen dich überall."

„Deswegen bin ich ja hier." Wie klein Josh von oben aussah. „Kümmere dich gar nicht um mich." Josh schnaufte. „Der Schuppen ist offen und ich ruh mich nur mal einen kurzen Moment aus."

„Josh! Du warst es doch nicht. Mein Vater ist unterwegs wegen dir. Du musst keine Angst haben."

„H-Hab ich auch nicht.“ Josh stand still. „Ich geh trotzdem nicht zurück. Jedenfalls jetzt nicht.“

Jan schnappte nach Luft, wollte noch etwas sagen, wusste nicht, wie.

„Verrat mich nicht!“

„Was denkst du denn von mir?“ Jan suchte hastig nach einer Decke und warf sie in den dunklen Garten. „Soll ich rauskommen?“, flüsterte er.

„Bloß nicht. Ich bleib auch nicht lang.“ Josh schlich zum Schuppen. Winkte. Dann schlug die Tür leise zu.

Jan schloss sein Fenster und kroch zurück ins Bett. Dass Josh Hunger haben musste, fiel ihm jetzt ein. Dabei hatte er eigentlich genug Reserven. Außerdem war er bald wieder weg. Jan würde ihn nicht verraten, niemals. Trotzdem musste er vielleicht Mama Bescheid sagen. Aber vielleicht ja auch nicht. Schließlich war Josh schlau, der wusste, was zu tun war. Und Jan half ihm dabei. Er musste nur noch genau wissen, wie. Doch dafür brauchte er seinen Kopf, in dem die Gedanken sich überschlugen.

Unter seiner Brust schlug das Herz. Es schlug und schlug und draußen hörte man ein Flugzeug, das weit über ihnen seine Bahn durch die Nacht zog. Jan musste einen kühlen Kopf bewahren. Kurz mal ausatmen. Und wieder einatmen. Sich einen Augenblick ausruhen wie Josh, der nur ein paar Meter Luftlinie entfernt von ihm lag und sein Freund war. Sein Freund …

32. Kapitel
Nicht wir allein

Jans erster Gedanke gehörte Josh. Schon war er hellwach und horchte. Alle anderen schliefen anscheinend noch. Alle, bis auf einen. Denn als Jan kurz darauf beim Fenster stand, sah er mit einem Blick, dass im Schuppen wohl keiner mehr war. Zumindest lag die Decke wie vergessen auf der kleinen Bank. Jan wäre am liebsten sofort hingelaufen und hätte sie geholt, weil sie vielleicht noch warm von Josh war. Aber sicher war sicher und er blieb, wo er war. Verraten würde er Josh jedenfalls nicht. Ganz egal, was sie über ihn sagten und wer alles glaubte, allein schaffe Josh es nicht. Er schaffte es. Und sie würden sich bald wiedersehen, so viel stand fest.

Jan kroch noch einmal zurück in sein Bett und döste, bis er von unten aus der Küche Geschirr klappern hörte.

Kurz darauf wurde er wie jeden Morgen von Mama geweckt. „Gut geschlafen?“, fragte sie leise und sah ihn prüfend an.

„Ja, ja“, sagte Jan und sah prüfend zurück. „Gibt’s was Neues?“

„Ach, Jan.“ Mama setzte sich auf seine Bettkante und schüttelte traurig den Kopf. „Papa kam spät gestern. Keiner weiß, wo Josh steckt.“

Jan nickte. „Hm“, machte er dann. „Und wenn sie ihn finden? Was werden sie dann mit ihm tun?“

Mama schob ihre Hand in Jans Haar. „Sie werden ihm helfen. Ihm und seiner Mutter.“

„Wer?“

„Zum Beispiel wir. Aber nicht wir allein.“

Jan setzte an, wollte nachfragen und merkte, dass das alles zu groß für ihn war. Wenigstens jetzt. „Und die Rattenfrau?“, hörte er sich.

„Die Rattenfrau“, wiederholte Mama, zog ihre Hand zurück und schüttelte langsam den Kopf. „Die Rattenfrau hat auch einen Namen. In Wirklichkeit heißt sie Karla Brot. Sie hat innere Verletzungen und liegt auf der Intensivstation im Krankenhaus. Hoffen wir, dass sie es gut übersteht.“

So wie ich, dachte Jan, aber er sagte es nicht, sondern rutschte schnell aus dem Bett. „Ich komme noch zu spät“, murmelte er.

33. Kapitel
Die Wahrheit

In der Schule war an diesem Morgen alles in Aufregung. Klar, wegen Josh. Und wegen der Rattenfrau, die im Krankenhaus lag und in Wirklichkeit Karla Brot hieß. Die meisten kannten sie und hatten auch schon mal mit ihr gesprochen. Mit Ratten hatte sie noch niemand gesehen.

„Seltsam", sagte der Rau, „dass ihr sie trotzdem ‚die Rattenfrau' nennt."

„Aber wenn sie doch stinkt."

„Und wenn sie so komisch ankommt und einen beschimpft."

„Sie pflegt sich nicht", sagte der Rau. „Und sie ist sonderbar, da habt ihr schon recht. Das war sie aber nicht immer. Sie hat viel Pech gehabt. Stellt euch mal vor: Sie hatte einen Sohn. Er war noch kleiner als ihr. Er hat sich von ihrer Hand losgerissen, ist auf die Straße gelaufen und vor ihren Augen von einem Bus überrollt worden."

Ganz still war es in der Klasse.

„Frau Brot hat sich nie wieder davon erholt."

Sie sahen sich an. Das hatte keiner von ihnen gewusst.

Jan musste plötzlich an Josh denken, der bestimmt nicht auf die Straße lief, ohne zu gucken. Josh kannte sich aus. Und als das Gespräch schließlich auf ihn kam, schaffte Jan es auch zu sagen, dass Josh nicht der Schuldige war.

„Woher willst du das wissen?"

„Er ist abgehauen, da ist doch alles klar."

„Ist es eben nicht", widersprach Jan. „Aber was soll er machen, wenn er Angst hat, dass ihm keiner glaubt?"

„Ich glaube ihm", erklärte Leon sofort und dann auch Moritz. Mit ihnen hatte Jan bereits auf dem Schulhof geredet. Haarklein hatte er ihnen alles erzählt.

„Du nimmst deinen Freund doch immer in Schutz", sagte Lasse und sah Jan herausfordernd an. „Ich warte lieber mal ab, bis die ganze Wahrheit ans Licht kommt. Schließlich geht Josh öfter auf andere los. Und außerdem haben ihn ja auch welche bei der Rattenfrau gesehen, als sie geblutet hat und er weggerannt ist."

„Trotzdem war er es nicht."

„Wir müssen abwarten", sagte der Rau. „Und hoffen, dass Josh bald wieder auftaucht. Solange die Schuld nicht bewiesen ist, darf niemand verurteilt werden. Das steht sogar in unserem Gesetz."

Jan schnappte nach Luft. Er hatte noch so viel zu sagen. Aber er war nicht der Einzige. Sie redeten lange darüber. Manche schlugen sich auf Joshs Seite und andere fanden, dass einiges gegen ihn sprach.

Für Jan stand nach wie vor fest: Josh war nicht auf die Rattenfrau losgegangen. Das waren Aki und Phil.

Ihnen konnte man das zutrauen und sie hatten das Messer ja auch zuletzt gehabt.

Josh würde wieder auftauchen und es allen zeigen. Die Wahrheit kam schon noch ans Licht.

34. Kapitel
Bereit

Jan klammerte sich an die Wahrheit, während der Vormittag nur langsam verstrich und er sich anderswohin wünschte. Zum Beispiel zu Josh, der sich wohl in einem dunklen Keller versteckt hielt oder längst im Wald war.

„Wär doch genug Platz für uns da", hatte Josh erst vor ein paar Wochen gesagt, als sie sich ausgemalt hatten, sie würden ganz allein irgendwo leben. Eines Tages machten sie es vielleicht.

Wenn Jan nur nicht die Operation vor sich gehabt hätte. Jan hätte alles für Josh getan. Weil Josh unschuldig war. Obwohl Blut von der Rattenfrau an seiner Hose gewesen war. Sobald Jan die größere Klappe in seinem Herzen hatte, würde er allen zeigen, dass er stark genug war. Genauso wie Josh.

„Ich bin bereit!", hatte er Mama und Papa erklärt, die gefragt hatten, ob der Zeitpunkt wegen all der Aufregung überhaupt gut für ihn war.

Lara-Sofie kam in der Pause und sagte: „Wenn du willst, sammle ich alle Arbeitsblätter für euch. Und bis du zurück bist, kriege ich Mathe irgendwie hin."

Jan fühlte sich plötzlich weit weg, obwohl er doch noch da war. Aber halb eben nicht. Halb war er schon unterwegs. Und er guckte immer mal wieder aus dem Fenster in den knallblauen Himmel und dachte an Josh. Wo der wohl jetzt war?

35. Kapitel
Nicht umsonst

Mama hatte eine CD für Jan eingelegt, als sie fuhren. So mussten sie wenigstens nicht die ganze Zeit reden. Manchmal war reden schwer. Jan wusste ja alles. Und Mama wusste es auch. Als Jans Lieblingslied kam, ließen sie es dreimal hintereinander laufen und sangen laut mit.

Dann guckte Jan wieder auf die vorbeiziehenden Wiesen. Weit hinten war Wald. Jan heftete seinen Blick auf einen Strommast. Windräder drehten sich. „Glaubst du, es sitzt einer da oben?", fragte er.

Mama sagte: „Ich glaube daran. Auch wenn niemand weiß, wie er ist und man sich kein Bild von ihm machen kann ..."

„Mama", unterbrach Jan sie gleich. „Ich rede doch nicht von Gott, der ja wohl anderswo ist. Ich meine einen, der guckt, dass mit der Windenergie auch alles klappt."

Mama warf den Kopf zurück und lächelte. „Manchmal brauche ich ein bisschen länger", murmelte sie und schwieg dann wieder.

Jan mochte es, wenn sie so war. Und überhaupt war es allein mit ihr ja auch schön. Es war so, wie nichts anderes war. Weil sie ins Krankenhaus fuhren. Das hatte eine große Kinderstation, wo sie auf solche wie ihn spezialisiert waren.

Als sie ankamen, durfte Jan erst mal in sein Zimmer, wo sie die Tasche auspackten, Mama und er. Im Bett gleich neben ihm lag ein Junge und schlief. Er hatte einen Tropf mit Medikamenten an seinem Bett stehen. Das Bett daneben war zwar belegt, aber im Moment war niemand drin. Im Spielzimmer auf der Station hatte Jan auch ein paar Kinder gesehen.

Ein Pfleger kam und holte ihn zu den ersten Untersuchungen ab: Blutdruck messen, Herz und Lunge abhören. Dann auf die Waage. Jan wog nicht gerade viel. Wenn Josh hier wäre, hätte er den besten Ausgleich dafür. Aber Josh war weit weg und Jan hatte nicht mal Zeit, richtig an ihn zu denken. Weil der Narkosearzt sich lange mit ihm unterhielt. Über Fußball und Schwimmen. Und was Jan am besten vertrug.

In zwei Tagen würden morgens ab acht Uhr alle für ihn bereitstehen. Das ganze Team, sagte Dr. Schumann. So hieß der Chirurg. Er war ziemlich groß und noch nicht besonders alt. Er erklärte ihm den Ablauf. Jan hörte zu und warf dabei einen verstohlenen Blick auf die Hände, die mit einem Kugelschreiber herumspielten. Bald operierten sie ihn. Machten ihn auf. Und kümmerten sich um sein Herz, das dann eine Zeit lang nicht schlug.

Dr. Schumann war nett. Außerdem hatte er eine Lupenbrille, die er bei der Operation tragen würde. Jan durfte sie auch kurz aufsetzen. Dreimal so groß sah damit alles aus.

„Du darfst vorher nichts essen, das weißt du?"

Jan nickte. Er war ja kein Anfänger.

Später telefonierte er mit Papa. „Gibt's was Neues?", fragte er ihn.

„Noch nicht", sagte Papa. Dafür gäbe es aber einen, der sich mit Kindern, die viel allein waren, auskannte und dafür sorgte, dass Joshs Mutter nicht mehr auf geheime Mission ging.

Jan sagte nichts weiter dazu. Weil er jetzt hier war und fest daran glaubte, dass alles gut werden würde für Josh. Genau wie für ihn. Nicht umsonst waren sie Freunde. Die hielten zusammen und verstanden sich manchmal auch ohne ein Wort.

36. Kapitel
Sohn

Es war noch früh. In den Büschen unter dem Fenster zankten sich Spatzen. Der Himmel war blau. An der Hand juckte die Infusion, die sie ihm gelegt hatten. Tankstelle nannten sie das. Zaubermilch und alles, hatten sie gesagt, kam da rein. Ein Verband war darum.

Für die anderen war heute Schule. Und später gingen sie vielleicht noch zum Baden, auch wenn das Wasser bestimmt kalt war, denn der Sommer fing ja erst an.

Sie hatten so oft von diesem Tag gesprochen, dass Jan sich schon gefragt hatte, ob es ihn überhaupt gab. Nun war er da. Und Jan bekam nichts zu essen. Dafür spielte er Karten mit Mama, die zwischendurch immer vergaß, dass sie an der Reihe war, weil sie ihn so ansah.

„Mama“, sagte Jan. „Du musst zwei ziehen.“

„Ja, ja“, murmelte Mama nur.

Dann setzten sie das Spiel fort, bis der Pfleger kam und Jan einen Saft trinken musste, der müde machte. Hoffentlich müde genug, sodass Jan auch wirklich schlief und nichts merkte.

Als sie ihn durch den Flur schoben, ging Mama neben seinem Bett her. Anders sah sie aus. Jan konnte seinen Kopf nur noch schwer halten. „Du weißt“, hatte Mama vorhin zu ihm gesagt, „dass wir nah bei dir sind.“

Jan sah, wie sie vor seinen Augen verschwamm. Er fühlte ihre Hand an seiner Wange. „Mein Sohn", hörte er sie noch flüstern. Und plötzlich wünschte Jan, es müsse nicht sein und er könne mit Mama wieder nach Hause.

Aber seine Augenlider waren so schwer, alles war schwer, auch seine Zunge, und die Hand konnte er nicht mehr heben, um Mama zu winken. Weiter durfte sie nicht mit ihm gehen.

Sie schoben sein Bett durch eine Tür und er hörte nur noch die Stimmen. Seine Umgebung verschwand hinter einem Schleier. Grün oder grau. Jan war müde. Ruhig und still und so müde, müde. Aber sie machten das schon.

37. Kapitel
Kannst du was sehen?

Jan schwebte durch lauter Kabel hoch bis zur Decke, die erst grün und grau und schließlich hellblau war.

Lachen und Kichern kam von irgendwoher und die Rattenfrau war auf einmal da. Sie strich ihm über die Wange und flüsterte: „Ich hab dir Zaubermilch mitgebracht." Sie schwenkte eine große Flasche mit blauem Saft und gab ihm davon. „Mein liebster Sohn", flüs-

terte sie und warf ihre grauen Haare zurück. „Ich hab mir Sorgen um dich gemacht. Dabei ist alles gut. Und wenn du möchtest, singe ich für dich.“ Sie strich ihm durchs Haar und Jan ließ sie, weil es schön klang, wie sie dazu sang.

„Wie meine Mutter“, gluckste Josh plötzlich neben ihm, „wenn sie sich verliebt.“

Die Decke über ihnen dehnte sich aus, je höher Jan schwebte. Josh kam so schnell nicht hinterher. „Und?“, keuchte er. „Kannst du was sehen?“

„Nur ein paar Wolken, die auf dem Kopf stehen!“, rief Jan.

„Und kein bisschen von Gott?“

„Ich weiß ja nicht mal, wie er überhaupt aussieht“, erwiderte Jan.

„Ich wette mit dir“, rief Josh, „dass er da irgendwo ist!“

„Um fünfzig Cent?“, wollte Jan rufen, ließ es dann aber doch sein, weil er sich selbst nicht ganz sicher war und die Wette ungern verlieren wollte.

Außerdem war es gerade so schön. Sie schwebten, bis Josh wieder verschwand, schnell mal anderswohin. Jan war allein. Er fror nicht. Und es war auch nicht dunkel. Nichts tat ihm weh.

38. Kapitel
Fünftausend Meter

Tage vergingen. Jan dämmerte erst mal nur vor sich hin. Eine Hand strich über seinen Arm. „Jan.“ Als er die Augen öffnete, sah er in ein Gesicht. Und er sah auch die Tränen. Das mussten Mamas sein. Jan atmete.

„Du hast es geschafft. Es ist alles gut.“ Noch ein Gesicht tauchte über ihm auf. War das Papas? „Du musst dich ausruhen“, sagte die vertraute Stimme und Jan schlief wieder ein. Weit entfernt hörte er auch Amelie und Paulina.

Als er das nächste Mal aufwachte, schoss ihm eine Frage durch den Kopf. „Ist Josh zurück?", flüsterte er. Er konnte sehen, wie Mama, die gerade an seinem Kissen herumzupfte, erschrak.

„Josh ist wieder zu Hause", sagte sie. „Aber lass dir noch etwas Zeit. Es ist so weit alles in Ordnung mit ihm."

Jan hätte gern viel mehr gewusst. Doch jetzt war es fürs Erste genug. Wo er ja auch so müde war.

Papa schob Amelie und Paulina zur Tür. Nur Mama blieb da und Jan schlief gleich wieder ein.

Irgendwann klingelte Mamas Handy. Jan hörte es bis in den Schlaf. Er blinzelte.

„Hallo", sagte sie, war einen Augenblick still und stieß ihn dann vorsichtig an. „Da möchte dich jemand sprechen."

Jan drückte das Handy fest an sein Ohr. „Hier ist Jan", sagte er.

„Hier ist J-Josh."

Einen Moment war es ruhig. Jan hörte nur das etwas schwerfällige Atmen und auch er selbst brachte kein Wort heraus.

„B-Bist du noch da?", begann Josh nach einer halben Ewigkeit wieder.

Jan seufzte. „Bin ich vielleicht froh."

„Frag mich mal."

„Und wo warst du?"

„Im Wald“, sagte Josh. „Es gab eine Hütte, in der wollte ich bleiben. Aber dann hab ich mir überlegt, dass ich doch nicht schuld bin. Und dass es Quatsch ist, sich zu verstecken.“

Jan schluckte. Er hätte gern Genaueres gewusst.

„Mach nicht zu lang“, flüsterte Mama aber jetzt. „Ihr könnt ja bald noch mal telefonieren.“

Jan nickte. „Und die Rattenfrau?“, fragte er noch und merkte, wie sein Herz ganz schnell schlug.

„Ist schon wieder besser“, sagte Josh. „Den Rest erzähl ich dir, wenn du zurück bist.“

Jan atmete auf, verabschiedete sich und reichte Mama das Handy. Sein Atem ging schnell. Als wäre er fünftausend Meter geschwommen. Gesprochen hatte er für heute genug. Und Mama war nicht umsonst Mama, die verstand ihn auch so.

39. Kapitel
Jetzt erzähl du!

Immer öfter dachte Jan jetzt an Josh, manchmal auch an Lara-Sofie. Und an Moritz und Leon, sogar an Lasse. Sie fehlten ihm und Jan wollte wieder nach Hause. Er war froh, als Mama ankündigte, dass es bald so weit war.

Papa kam extra her, um sie abzuholen. Mit Schokoladenherzen von Paulina und Amelie und einem Strauß Blumen für Mama. Den hatte sie sich auch verdient, schließlich hatte sie ihren Urlaub mit Jan im Krankenzimmer verbracht. Jeden Tag.

„Wie schön", seufzte Mama im Auto und drehte den Knopf vom Radio laut, als Musik lief. Sie erzählte und redete mit Papa über den Urlaub, den sie in den Herbstferien nachholen wollten. Zwei Wochen Elba, wogegen Jan schon mal nichts hatte. Immerhin fuhren sie dann auch mit einem Schiff und hatten einen Pool und das Meer vor der Nase. Vielleicht würde er ja schnorcheln, um zu sehen, was unter Wasser los war. Amelie und Paulina wollten surfen. Falls seine Narbe bis dahin gut verheilt war und er wieder Muskeln hatte, surfte er auch. Zumindest ein bisschen. Wenn Mama es ihm nicht verbot. Jan schob die Frage danach besser noch etwas auf.

Jan hatte ja auch genug mit dem Rausgucken zu tun. Auf die Wiesen und Hügel. Wie lange war er nicht mehr so gefahren?

Als sie von der Autobahn abbogen und schließlich ihre Siedlung erreichten, klopfte sein Herz. Jan sah zwei, drei Kinder aus seiner Schule. Dann waren sie zu Hause. Schon ging die Tür auf und Amelie und Paulina standen wie ein Empfangskomitee da.

Sie seufzten und strahlten. Als hätten sie ihn und Mama vermisst. Im Esszimmer stand ein frisch gebackener Kuchen. Dazu gab es Kaffee für die Großen. Für Jan gab es Saft.

„Auf deinem Schreibtisch", verkündete Paulina, „liegt übrigens noch was." Mehr verriet sie ihm nicht. Und sie fragte auch nicht, als er schnell mal hochging und wenig später wieder zurückkam und sein erstes Kuchenstück aß.

Lara-Sofie hatte ihm ein Willkommenspäckchen geschickt. Ein Stift und ein Katzenschreibblock waren darin. *Ich freu mich auf dich!,* hatte sie auf den ersten Zettel geschrieben. Um *Deine Lara-Sofie* hatte sie ein Herz gemalt.

Jan schaffte ganze drei Kuchenstücke hintereinander. Danach war er pappsatt. Aber er war froh wie schon lange nicht mehr. Und überhaupt waren alle lieb wie sonst nie. Wenn es einen Apparat gäbe, so ähnlich wie einen Fotoapparat, mit dem man Augenblicke wie diesen festhalten konnte, dachte Jan, dann hätte er ihn jetzt gern gehabt.

Trotzdem: Josh ging ihm nicht aus dem Kopf. Was sein Freund wohl gerade machte? Ob er okay war? Jans Gedanken wurden unterbrochen, als Fanni hereinkam. Sie stolzierte auf ihn zu und drückte sich an sein Bein, als wolle sie ihn daran erinnern, dass es sie immer noch gab.

„Komm her!", sagte Jan und nahm sie vorsichtig auf, streichelte sie, legte seine Wange an ihr glänzendes Fell.

Fritzi, Franz, Florentina, Peppina und Norina hatte er längst begrüßt. Groß waren sie geworden, rannten durchs Haus und balgten sich. Bald würden sie sie weggeben müssen. Nur Fritzi behielten sie hier.

Jan seufzte. Heute dachte er daran lieber nicht. Heute dachte er bloß an das Telefon, das es immerhin zum Anrufen gab. Noch länger zu warten hielt Jan nicht mehr aus.

„N-Na endlich", hörte er Josh. „Du bist wieder da."

„Kommst du vorbei?", fragte Jan ihn sofort.

„Jetzt?"

„Wann denn sonst?"

Eine knappe Viertelstunde später stand Josh vor ihm. „D-D-Du bist aber blass", keuchte er.

„Im Gegensatz zu dir." Josh hatte vom Rennen einen ganz roten Kopf. Er schob seine Hand in die Hosentasche und zog zwei Gummischlangen heraus.

Jan nahm eine und verzog sich mit Josh gleich in sein Zimmer.

„Zeig", sagte Josh und baute sich vor ihm auf.

Jan steckte seine Gummischlange komplett in den Mund, kaute und lutschte. Dann zog er sein Hemd bis ans Kinn hoch.

Josh stieß einen leisen Pfiff aus. „M-M-M-Mannomann."

Jan ließ sein Hemd wieder runter. „Und jetzt erzähl du!"

„Was?“

„Wie es in deiner Hütte im Wald gewesen ist. Und überhaupt: Glauben sie dir mittlerweile? Was ist mit Aki und Phil und mit der Rattenfrau? Und mit deiner Mutter?“

Joshs Miene verschloss sich und er antwortete nicht gleich. „Du warst lange weg“, sagte er dann und holte eine weitere Gummischlange aus seiner Hosentasche hervor. „Willst du auch?“

Jan winkte ab.

Sie hockten sich nebeneinander auf den Boden, saßen beide mit dem Rücken zur Wand, sagten eine Weile nichts. Jan glaubte schon, dass er nie erfahren würde, was inzwischen alles passiert war.

„Wärst du nicht gewesen“, fing Josh aber plötzlich an, „dann wäre ich vielleicht in der Hütte geblieben. Ich hätte mit den Tieren im Wald gelebt und nach Schätzen gesucht. Vielleicht wäre ich auch weitergegangen, immer geradeaus.“ Josh grinste auf einmal. „Man darf sich nicht ekeln. Dann findet man überall was zu essen. Beeren und Käfer und Fische und … Ich hab mit mir gewettet.“ Josh sah Jan von der Seite an. „Wenn ich es schaffe, drei lebendige Regenwürmer zu essen, wird alles gut.“ Josh stieß Jan vorsichtig an. „Alles, hab ich gesagt.“

Jan wagte kaum zu atmen. „Und, hast du es geschafft?“

„Wenn man die Augen dabei zumacht“, sagte Josh, „merkt man f-fast nicht, wie g-g-glitschig sie sind.“

Jan saß da und rührte sich nicht.

„Einmal bin ich in der Nacht auf einen Baum rauf wie ein Affe. Dort oben hab ich gesessen, in die Sterne geguckt und dabei an den Operationstisch gedacht. Wie sie dich aufgemacht haben.“ Josh sah Jan nicht an. „Dann hab ich gedacht, ich will wissen, was mit dir ist. Und mit der Rattenfrau. Und dass es nichts nützt, einfach wegzulaufen. Außerdem hat meine Mutter sich ja auch Sorgen um mich gemacht.“

Jan drückte den Kopf gegen die Wand, zog die Knie an und vergaß beinahe die frische Narbe auf seiner Brust.

„Ich bin zurückgekommen und meine Mutter hat richtig geheult. Sie hat gar nicht mehr aufgehört. Und dann h-hat sie gesagt, dass ich doch das Einzige bin, was sie auf der Welt hat. Und sie will sich bessern. Weil sie von der geheimen Mission sowieso genug hat.“

„Also lässt sie dich nicht mehr allein. Und du musst auch nicht anderswohin.“ Jan atmete tief durch.

„Stell dir vor …“ Josh schob seine Brust raus. „Mit Polizei und allem haben sie nach mir gesucht.“

Jan starrte ihn an. „Das haben sie gemacht, als ich auf dem blöden Operationstisch herumlag?“

„Mach mir das erst mal nach“, sagte Josh stolz.

„Besser nicht“, murmelte Jan.

„Sie hatten mich da schon gar nicht mehr in Verdacht", fuhr Josh fort. „Sie haben ja alle gefragt: Die Rattenfrau, als sie wieder reden konnte. Und auch Aki und Phil."

„Und?" Auf einmal schlug Jans Herz schnell.

„Aki und Phil sagen, dass es ein Unfall war." Josh holte tief Luft. „Weil die Rattenfrau sie beschimpft hat. Und weil sie das Messer haben wollte, mit dem sie rumgespielt haben. Sie haben ihr gedroht. Und die Rattenfrau hat geschrien und getobt und ist auf Aki und Phil los. Und dabei ist es passiert. Sie sagen, sie haben das nicht gewollt."

„Und glaubst du, dass es so war?"

„Die Rattenfrau", sagte Josh leise, „hat es genau so erzählt."

„Aber sie ist doch verrückt."

„Manchmal vielleicht ja auch nicht. Aki und Phil haben jedenfalls ganz schön viel Ärger am Hals. Weil es mit ihrem Messer passiert ist. Und weil es nicht das erste Mal ist, dass sie andere bedrohen."

In Jans Brust zog und bummerte es.

„Uns lassen sie jetzt bestimmt in Ruhe", sagte Josh. „Sonst kriegen sie noch mehr Ärger und das wollen sie sicher nicht." Josh streckte erst sein rechtes, dann sein linkes Bein aus, schob die Hand in seine Hosentasche und fischte zwei Gummibärchen heraus. „Das sind die letzten", sagte er. „Ich hab sie extra für dich aufgehoben."

Jan nahm ein weißes, an dem Flusen klebten. Es war, wie es immer war, wenn es von Josh kam. Und doch war alles anders. Wie sie so saßen und eine Weile nichts sagten. Geredet hatten sie auch mehr als genug.

„Stimmt es, dass du auf der Intensivstation warst?“, fragte Josh irgendwann.

„Was denkst du?“, entgegnete Jan und erzählte von all den Maschinen und Schläuchen, durch die sie sein Blut gepumpt hatten. Sogar unter der Sauerstoffmaske hatte er gelegen und war künstlich beatmet worden, zwei Tage lang.

Josh sah ihn an. Dann schalteten sie Jans kleine Anlage an und hörten seine Lieblingsmusik. Bis Mama an die Tür klopfte und besorgt nachfragte: „Geht es euch gut?“

„Wieso nicht?“, brummte Jan.

Ein Lächeln huschte über Mamas Gesicht, sie wurde aber gleich wieder ernst. „Es ist alles noch sehr anstrengend für Jan“, sagte sie leise zu Josh.

Jan wollte widersprechen, aber im selben Moment rappelte Josh sich auf. „Ich war sowieso lang genug da und hab so viel gequasselt wie in meinem g-ganzen Leben nicht.“ Er grinste und stieß Jan vorsichtig an. „Morgen ist schließlich auch noch ein Tag.“

„Danke“, sagte Mama.

„Wofür?“

Gemeinsam brachten sie Josh zur Tür.

„Wann kann man in der Sch-Sch-Schule wieder mit dir rechnen?“, fragte Josh und drehte sich noch einmal zu seinem Freund um.

„Bald“, seufzte Jan. „Am liebsten sofort.“

40. Kapitel
Was denkst du?

Das dunkelrote Kleid von Lara-Sofie sah Jan sofort. Es stand ihr gut. Jan ging aber nicht gleich zu ihr. Denn schon bald standen einige um ihn herum, klopften ihm vorsichtig auf die Schulter, guckten ihn an, als müssten sie sich vergewissern, dass es noch der alte Jan war.

Er war es. Auch wenn er sich anders fühlte. Ein bisschen wie neu.

„Da bist du ja wieder“, freute sich sogar Lasse.

„Sieht ganz so aus“, entgegnete Jan und grinste. Er sah sich nach Josh um. Dann stand Lara-Sofie plötzlich dabei. Sie sagte nichts, hörte nur zu, wie ein paar Kinder ihn ausfragten.

Später, auf der Treppe, als von Josh immer noch nichts zu sehen war, ging sie neben ihm. „Ich habe Arbeitsblätter für dich“, sagte sie. „Ein ganzes Paket. Außerdem habe ich wie verrückt geübt, während du weg warst. Wahrscheinlich kann ich es jetzt.“

„Dezimalrechnen und so?“, fragte Jan und wusste nicht, ob er darüber enttäuscht sein sollte, weil sie dann vielleicht nicht mehr kam.

Lara-Sofie nickte. Und als er kurz zu ihr aufblickte, sah er, wie verlegen sie war. „Du kannst mich ja mal prüfen, wenn du Zeit hast.“

„Morgen?“, entgegnete Jan und erschrak über sich selbst, weil er vielleicht ein bisschen zu schnell mit seinem Vorschlag war.

Aber Lara-Sofie sagte gleich: „Von mir aus um drei.“

Sie gingen an ihre Plätze, weil der Rau immer pünktlich mit dem Unterricht anfing. Nur Josh war noch nicht da.

„Magst du erzählen, wie es dir ergangen ist?“, fragte der Rau, nachdem er Jan höchstpersönlich die Hand geschüttelt hatte. „Du hast uns gefehlt.“

Jan erzählte von der Kinderstation und der Lupenbrille, die Dr. Schumann bei der Operation benutzte, damit er alles auch wirklich gut sah. Er zuckte mit den Achseln. „Mehr fällt mir gerade nicht ein.“

Der Rau nickte und wandte sich an die Klasse: „Wollt ihr Jan erzählen, was bei uns los war?“

Seine Mitschüler mussten nicht lang überlegen. Schließlich war eine Menge passiert. Auch wenn Jan das meiste schon wusste. Trotzdem hörte er es sich gern noch mal an. Vor allem die Geschichte von Josh, der ganz allein im Wald gewesen war, während alle fieberhaft nach ihm gesucht hatten. Mit Polizei. Sie hatten Angst um Josh gehabt und waren erleichtert gewesen, als er wieder aufgetaucht war.

„Und die Rattenfrau ist über den Berg.“

„Die Rattenfrau?“, fragte der Rau.

Dann redeten alle durcheinander: „Frau Brot.“ – „Karla Brot!“ – „Sie ist eben sonderbar.“ – „Aber sie hat einen Grund …“

Der Rau ließ es zu, dass sich die Klasse austauschte. Er machte keine Anstalten, die Diskussion zu unterbrechen. Dann sagte er: „Wir wissen nie alles von Menschen. Und verstehen nicht immer gleich, wie sie sich verhalten. Das gilt auch für Aki und Phil.“

„Trotzdem war es gemein. Schon allein, dass sie mit dem Messer gedroht haben."

„Da ist Frau Brot durchgedreht."

„Vielleicht wollten Aki und Phil das ja auch. Weil sie gern gemein sind. Und weil ihnen nichts anderes einfällt."

„Aber das darf man doch nicht."

Sie kamen darauf zu sprechen, dass man jeden Menschen achten musste, auch wenn er stank.

„Und ihn schützen."

„Und sich gegenseitig helfen."

Da ging die Tür leise auf und Josh schob sich durch. Außer Atem stammelte er: „W-W-Wir haben v-v-v-verschlafen. K-Kommt nicht wieder vor."

Kein überflüssiger Kommentar war zu hören, alles blieb still.

Josh schnaufte. Erstaunt blickte er auf. Setzte an, wollte noch etwas sagen, ließ es dann aber doch.

„Setz dich an deinen Platz", sagte der Rau.

Kurz darauf saß Josh neben Jan auf dem Stuhl. Er hatte den Platz mit Lasse getauscht, als Jan noch im Krankenhaus gewesen war.

Jan war froh. „Ich dachte schon", flüsterte er, „du hättest wieder Bauchschmerzen gehabt."

„Pff", machte Josh nur und zuckte grinsend mit den Achseln. „Das geht nicht mehr. Zu uns kommt jetzt immer einer und guckt, ob alles gut ist."

„Und?“

„Alles bestens. Was denkst du denn?“

Jan holte tief Luft.

Dann nahmen sie Satzglieder durch. Zum Glück hatte Mama mit Jan geübt. Drei Wochen Unterrichtsausfall holte man so schnell nicht auf.

Aber Jan hielt sich ganz gut. Nur in Sport guckte er zu, weil die Anstrengung noch zu viel für ihn war. Jan wusste, was er vertrug und was nicht. Er gewöhnte sich schon wieder an alles.

Selbst die Hausaufgaben schrieb er sich auf. Machte es wie gewohnt. Auch wenn er am Ende des Vormittags müde war. Aber dafür gab es den Bus. Und zu Hause das Sofa. Und Fanni. Und Norina. Und Florentina. Und Peppina und Fritzi und Franz. Jan hatte sie am liebsten alle bei sich auf dem Sofa, ließ sie klettern und rennen und kicherte, wenn sie sich um einen Tennisball stritten. Fast war es wie früher, dachte er seufzend, aber eben doch nicht ganz.

41. Kapitel
Ihr Kind

Längst strich Jan wieder in der Gegend herum, verbrachte viele Nachmittage mit Josh am Bach und in den Wiesen oder auf dem Basketballfeld. Manchmal sah er auch Aki und Phil, die nur kurz aufblickten, wenn ihre Wege sich kreuzten. Sie kamen nicht mehr und jagten ihm Angst ein oder ließen sich an ihm aus, bloß weil sie die Stärkeren waren.

Jan war genau genommen auch gar nicht so schwach. Schließlich hatte er Muskeln, die er wieder trainierte. Und einen Freund, der ganz allein im Wald gewesen war. Das Messer hatte Jan auch. Immer noch lag es in einer seiner Krimskramskisten. Jan rührte es nicht an und es fragte auch keiner danach.

Ein paar Wochen nach dem Vorfall tauchte Karla Brot am Marktplatz auf.

Jan erschrak und stieß Josh an. „Sie ist wieder da."

„Ich hab auch Augen im Kopf", erwiderte der.

Wie immer stand ihr graues Haar wild und in alle Himmelsrichtungen ab, vielleicht bürstete sie es einfach nie. Ihre knallgrüne Hose war auch heute nicht sauber. Und die alte Jacke, die sie trug, hatte überall Löcher.

Jan stand still da, als sie auf ihn zukam.

„In Ewigkeit, amen!", rief sie. „Könnt ihr mir sagen, wie spät es ist?"

Jan sah auf die Uhr.

„Es ist siebzehn Minuten nach vier", hörte er Josh im selben Augenblick auch schon neben sich.

Karla Brot blickte erst Jan, dann Josh neugierig an. „Ich warne euch", sagte sie. „Mich verlässt keiner."

Jan nickte nur. „Ja", murmelte er.

Und Josh sagte: „Wir sind immer hier."

„Lügt mich nicht an." Sie wandte den Blick wieder von ihnen ab, drehte sich um und ging humpelnd und leise vor sich hin schimpfend weg.

Jan holte Luft. „Komm", sagte er. „Holen wir deinen Kescher."

Sie liefen das kleine Stück bis zu den Hochhäusern, ließen sich Zeit, saßen zwischendurch auf einer Mauer. Und Josh bewies Jan, dass er inzwischen sogar lebendige Ameisen aß. „Willst du auch?", fragte er.

„Danke", sagte Jan. „Ich bin vom Mittagessen noch satt." Er rutschte von der Mauer herunter. „Wenn überhaupt", überlegte er laut, „dann ist in meinem Bauch nur Platz für ein paar Kekse."

Joshs Mutter hatte sogar welche da. Dazu gab es Saft. „Der ist gesund", sagte sie. „Macht nicht so dick wie Limonade und Cola." Sie sah von Josh zu Jan. „Nimm dir mal ein Beispiel an deinem Freund. Den sieht man fast nicht."

„Ich sehe ihn gut", erwiderte Josh und wedelte bereits mit seinem Kescher. „Und außerdem ergänzen

wir uns. Wir haben noch jede Menge vor. Eines Tages sind wir berühmt und steinreich, Jan und ich, das g-g-garantiere ich dir."

„Ja", sagte seine Mutter und sah plötzlich traurig aus. „Vielleicht habt ihr später mehr Glück."

Jan trat von einem Fuß auf den anderen. Er war froh, dass Josh zumindest nicht in ein Heim kam oder in eine andere Familie. Das wollte auch seine Mutter nicht, was man schon daran merkte, dass die Wohnung viel aufgeräumter war. Hoffentlich gab sie sich diesmal Mühe und ließ Josh nicht mehr allein, weil sie von ihrer geheimen Mission, die in Wirklichkeit gar keine war, sowieso die Nase voll hatte. Vielleicht hatte sie inzwischen gemerkt, wie gern Josh sie hatte und sie ihn, immerhin war er ihr Kind und tat alles für sie.

„Komm", sagte Josh jetzt und zog Jan mit sich. „Der Bach wartet." An der Tür wandte er sich noch mal um. „Ich bin um sechs wieder zurück. Vielleicht bringe ich einen fetten Fang mit."

42. Kapitel
Irgendwie beides

Jan biss die Zähne zusammen, als Lara-Sofie vor ihm stand. Sie hielt Peppina im Arm und er musste aufpassen, dass er nicht zu heulen anfing. Peppina war die Erste, die ging. Wenigstens konnte Jan sie sehen, wenn er wollte.

„Du kannst mich immer besuchen", sagte Lara-Sofie und drückte Peppina kleine Küsse ins Fell.

Jan nickte und ließ die Hände in den Hosentaschen verschwinden. „Mal sehen", murmelte er und war jedenfalls froh, dass Peppina es gut haben würde, wenn sie schon wegmusste von hier.

„Also dann." Lara-Sofie hob den Kopf, nachdem sie Peppina in den Korb gesetzt hatte. Ihr Blick traf seinen, dabei war Jan das nicht recht, denn er wollte nicht, dass sie sah, wie traurig er war. Traurig und froh. Irgendwie beides.

Auch Paulina und Amelie standen an der Treppe und guckten Lara-Sofie hinterher und dem Korb, in dem Peppina saß und ihr eigenes Leben anfing.

Als sie die Tür wieder schlossen, schnäuzten sie sich alle, auch Mama. „Hoffentlich wird das nicht bei jeder Katze so schlimm", sagte sie.

Sie rannten zu den anderen, nahmen Norina und Florentina auf den Arm, liebkosten und streichelten Fritzi und Franz.

„Zum Glück bleibt wenigstens Fritzi bei uns", sagte Jan. „Und natürlich Fanni."

Später saßen sie am Tisch und Amelie sagte, dass sie eines Tages auch wegwollte. „Von der Welt mal was sehen."

Paulina hatte dasselbe vor. „Was denkt ihr denn? Aber keine Angst. Zwischendurch komme ich dann immer mit der dreckigen Wäsche zurück."

Jan hatte bereits Pläne mit Josh. Vielleicht auch mit Lara-Sofie. Oder mit beiden zusammen.

Jetzt war es dafür aber noch zu früh. Außerdem war es Abend. Und es war gerade gemütlich am Tisch.

Irgendwann stand Jan im Bad, putzte seine Zähne, kroch wenig später ins Bett, rollte sich zusammen und stutzte, denn mit seinem Fuß stieß er gegen etwas. Es war weich und hatte sich zusammengerollt, fast wie er. Es war lebendig und hatte sich ein bisschen Ruhe verdient.

„Fanni!“, rief er leise und saß auch schon aufrecht, nahm sie auf den Arm, streichelte sie, wie sie es gernhatte, ganz sanft an ihrem Hals.

Fanni schnurrte laut. Die Augen bloß halb geöffnet schmiegte sie sich an ihn. Wie lang war es her, dass er sie gefunden hatte, klein und halb totgebissen. Nur ein zitterndes Etwas.

„Fanni!“, flüsterte Jan und saß lange so da. Bis Fanni von allein aus seinem Arm heraussprang und zur Tür lief. Erwartungsvoll blickte sie ihn an. Und wenig später war sie wieder draußen bei ihren Jungen, auch wenn das erste schon abgeholt worden war. Von Lara-Sofie.

Jan löschte das Licht, als er unter seiner Bettdecke lag. Knipste es gleich noch einmal an, stand auf und holte sein Heft und einen Stift aus der Schublade.

Die Natur macht es einem nicht immer leicht, schrieb er. *Aber sie schenkt einem auch was. Ich bin jedenfalls froh über alles.*

Er legte das Heft und den Stift weg, rollte sich zusammen und lauschte auf die Geräusche im Flur, die wie jeden Abend waren, kurz bevor er einschlief und zu träumen anfing.